HEART

心視野

HEART
心視野

在都市窩居10年，我過得還不錯

只是維持最低限度的工作量和人際關係，九成的焦慮也遠離了

大原扁理 著
姜柏如 譯

隠 居 生 活 1 0 年 目　不 安 は 9 割 捨 て ま し た

臺灣序

致臺灣的讀者：

各位好，我是大原扁理。

感謝各位在茫茫書海中拿起這本書。

《在都市窩居10年，我過得還不錯》於二〇二一年二月由大河書房出版社在日本發行，同年七月授權臺灣，最後出現在各位讀者面前。很高興自己的著作，有機會在我懷抱著特殊情感又最愛的臺灣出版。

本書是我回顧自己從童年以來的經驗，追溯生存焦慮的根源，然後嘗試以自成一格的探討方法深入剖析及整理而成的紀錄。

我不是心理學家，無法基於論文和臨床研究數據講解，想必有部分描述可能不合邏輯、不夠現實或難以理解，甚至搞不好完全派不上用場。但是，我覺得寫一本只是傳遞資訊的書沒什麼意義，所以我替文章施加了魔法，期盼能幫助各位讀者放鬆心情、舒緩焦慮，還有重拾對於自己和這個世界的信心。

身為日本人的我，很想知道文化和人際關係與日本截然不同的臺灣能否接受本書。若你覺得本書有幫助到自己或是很有趣，請務必用任何方式告訴我，敬候各位的佳音。

最後感謝代理本書臺灣版權的采實文化、版權代理商和譯者，以及所有本書出版時出力的幕後人員，還有願意花寶貴時間閱讀本書的你。我不勝感激。

二〇二二年十二月某日

於睽違兩年八個月後重返的臺北郊外公寓謹上

目錄

CHAPTER 3

客製化自己的世界

CHAPTER 4

再次跟世界產生連結

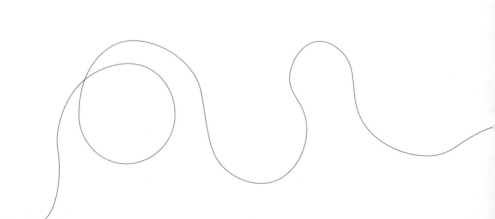

CHAPTER 5

焦慮究竟是什麼？

前言

初次見面的讀者們，幸會，還有已經認識我的讀者好，我是大原扁理。

如果要用一句話介紹我自己的話：我從二十多歲就開始「窩居生活」，至今已將近十年了。

我會年紀輕輕就選擇窩居，是因為被弱肉強食、經濟至上的社會給擊垮，導致對一切事物感到厭倦。雖然在出人頭地方面，我失敗得一塌糊塗，但放棄的速度倒是比任何人都快。

事不宜遲，趕緊進入正題吧。

本書的主旨是在探討「焦慮」。

也許有些讀者會感到疑惑，像我這種遁世窩居的人，會有什麼焦慮能跟大家討論？

先來段簡單的自我介紹。

我是土生土長的日本愛知縣人，高中畢業後就獨自跑去海外打工，過著居無定所的生活。我二十三歲時來到東京，漸漸卻對於不管怎麼努力工作，還是捉襟見肘的東京打工生活感到厭煩，以光速逃到房租便宜的近郊過活。在那之後，我拋下了非必要的工作、消費跟人際關係，也捨棄了夢想和目標，還有認為「人生該怎麼過」才行的錯誤觀念……。

結果就是，我展開了快活愜意的日子，**也擺脫了將近九成的焦慮**。

有些讀者可能會以為我是含著金湯匙出生、擁有高學歷的富家少爺，事實上也真有人這樣說過。抱歉辜負了大家的期待，其實我生在貧窮的家庭，學歷只有高中畢業，既沒有遺產可繼承，也不具備投資和程式設計的背景知識。

目前正在執筆撰寫本書的我已移居臺灣，在臺灣的窩居生活也迎來了第四個年頭。（雖然二〇二〇年時，由於新冠疫情和照顧父母的緣故，我暫時返回日本居住。）

我既沒上大學，也沒做過正職工作，很可能嚴重缺乏社會的常識，但我依循真實感受，打造自己想要的人生，現在過著拮据卻愉快的生活。

焦慮是活出自我的絆腳石

開始窩居生活的我，在某種因緣際會下，擁有把自己的體驗和想法寫成書的機會，像是《才不是魯蛇》等。

結果在網路上跟現實世界中，紛紛出現「我也想過這種生活」的迴響，也有人表示我的部分想法很有趣，而我也虛心接受任何批評指教。但我想，絕大部分的人，就算興起窩居的念頭也不會真的付諸實行。

在此先聲明，換作是平常，我不會想勸誘或強迫他人加入窩居生活的行列。畢竟大家都開始過上窩居生活，也有點詭異，我認為不用模仿別人就能過著隨心所欲的生活是再好不過，也就是所謂的「活出自我」。

看到那群聲稱自己心生嚮往，但實際上卻不會這樣做的人們，我不禁覺得，是焦慮妨礙他們活出自我嗎？但我多少能理解這種情況。畢竟「活出自我」並不像嘴巴說說這麼簡單，半路會殺出各式各樣的程咬金。

整個世界充滿焦慮

我想每個人多少都有因為焦慮使然，而選擇去做或不做某件事的經驗吧？雖然我用「焦慮」來一言以蔽之，但這個詞彙的定義其實很籠統，讓人摸不著頭緒。

焦慮究竟是什麼呢？我翻了日文國語辭典《廣辭苑》，「焦慮」在辭典上的釋意為：

無法安心、憂慮、擔心、不安。

辭典居然給出如此模稜兩可的解釋，讓人有看也沒有懂。

於是我決定重新回顧自身過去的經歷。大家可能會認為我是位無憂無慮的窩居者，但我年輕時也是個平凡人，內心跟大家一樣，充滿了各種焦慮。我會在正文中更詳細地介紹焦慮，但在此先舉三個相當常見的案例吧。

- 以自己的快樂為優先，通常會遭到父母和師長訓斥。
- 如果自己表現得與眾不同，會被班級和社會排擠。
- 擔心自己能力不如他人，怕自己賺不到錢，無法在社會上生存。

上述的三種焦慮，會招來什麼結果呢？

- 做著自己開心和喜歡的事時，內心不自覺會湧現罪惡感，於是勉強自己去做不想做的事。
- 壓抑自己的想法和情緒去迎合他人。

- 自認能力比不上別人，所以好不容易找到工作後，就算再痛苦也絕不離職。

焦慮就是會像這樣，搶先限制我們的言行舉止，逼迫我們把真實感受擺在最後面。

當這種情況一而再、再而三的發生後，焦慮就會像是反射動作般自然地侷限了自我，久而久之，我們也變得不會質疑為什麼要違背自己的心意。

我是在二十五歲時突然展開窩居生活，有了省視自我的餘裕後，才察覺到這個現象。

現在我漸漸覺得在焦慮的驅使下採取行動，往往會給人帶來罪惡感和倦怠感，甚至覺得人生面臨到的不順遂，似乎都以相同的模式出現。

因為焦慮使然而採取行動後，雖然一瞬間會獲得敷衍過關的心安，但如鯁在喉的感覺仍會在心頭翻攪好一陣子。這種感覺又是從何而來呢？**只要抽絲剝**

繭就會發現，當焦慮帶頭勾起負面想法的瞬間，就會遇到這個問題。

那麼諸如此類的焦慮，究竟從何時開始，又是如何形成的呢？

焦慮的起源和「自我完整性」

試想童年時，特別是上幼稚園前，從自己向外延伸五公尺內的範圍，就像是我們的全世界。幼年時期的我們，世界與陌生人毫無關聯，既不存在也不需要家人以外的人際關係，絲毫感受不到焦慮。儘管世界的規模遠遠不及大人，卻相當和諧，不會有人妨礙我們做自己，我行我素也沒關係，我們能擁有自我的完整性。

年歲漸長後，我們會搭建許多通往外界的橋梁，拓展自己的領域。但隨著世界日益擴大，反而讓人懷念起那段「不必假手他人，也能擁有自我完整性」的小小世界，甚至想重溫當時的心境呢。所謂「初生之犢不畏虎」，我們小時候總是會自然想到自己能辦到什麼，而不是辦不到什麼。

年幼的我們心中沒有絲毫焦慮。或許單純是自己不記得了，但就算有也很快就會忘掉，根本不會當一回事吧。

所以，我想焦慮是從接觸外界後才正式開始。

現在的我如何跟焦慮相處

雖然我曾一步步地邁向無邊無際的廣袤世界，但是在那之後的現在，我重返那個自己專屬的小小世界，將自身焦慮縮到最小，也就是所謂的「窩居生活」。

可是仔細想想，我開頭寫到的焦慮內容，依然悲哀地正在化為現實。

我至今的生活仍舊是如此：

- （因為懶得工作）遭受世人批判
- （自發性的）當社會邊緣人

我每天活得快樂嗎……?

- 至今獲得的平均年收入從未超過同齡層的人

換句話說，年輕時的焦慮別說是解決了，根本就是全數說中。

即便如此，我依然能在焦慮全部成真的世界中，過著快樂又心滿意足的每一天。

看到這裡，很多人都感到難以置信吧。

那麼，焦慮究竟是什麼呢？

請各位捫心自問：這些年來自己的心境起了什麼變化，又有什麼是始終不變的？或是哪些事情是自己原本知難而退，後來故態復萌的呢？

本書重點

本書集結了我至今與焦慮同行的心路歷程，內容包含：焦慮為我的人生帶來什麼樣的苦難，後來我如何學會怎麼分辨和消除焦慮，最後與之和平共處。

先來介紹擺脫焦慮的三步驟：

①釐清焦慮的來源

②嘗試遠離使自己焦慮的環境

③客製化自己的世界

只要按照這個順序反覆去做，就能將焦慮最小化。

然後，是最後的步驟：

④重新與世界產生連結

我也會在本書中分享自己突然展開窩居生活，把焦慮最小化後，再度與外界產生連結的生活，與過去相比究竟有何種差異和感想。

最後，我將根據上述經驗歸納與分析為：

⑤焦慮的本質

雖然我在二十五歲透過窩居生活才開始活出自我，但至今仍覺得起步太晚。怪自己不知不覺間被焦慮控制，遲遲不敢跨出那一步，蹉跎了許多歲月，而逝去的時間可是一去不復返。

窩居生活雖然賺不到錢，卻使我擁有比一般人更多的時間，若翻閱本書的您正值焦頭爛額的時候，無法花時間思索何謂焦慮和面對自我，願本書能一語道破您的焦慮，朝更快樂的人生跨出一大步。

CHAPTER 1

釐清焦慮的來源

來自父母的焦慮

各位或許會以為父母對子女施加焦慮的情況，僅限在毒親和虐兒等偏激家庭中，好像跟自己無關。其實，這個現象存在於每個家庭之中。

我認為這是人類社會無可奈何的普遍現象，畢竟親子之間本來就存在著權力不對等，所以不能怪父母。與出生就能夠自力行走、游泳的動物幼崽不同，人類嬰兒完全無法自食其力，所以人類在成長到一定歲數前，雖然很懊惱，卻依然必須靠父母或是他人才能活下去。

由於是生是死都控制在他人手中，當小孩對此情況有一定程度的警覺後，勢必會感到焦慮。

這就是「來自父母的焦慮」。而這份焦慮是否會加重，端看每個家庭的狀況而定，但我想十之八九都會加重。

至於我自己，童年時期的焦慮是「父母不支持我做自己想做的事」。雖然長大後不用再看父母臉色，但在年幼時期，父母的決定攸關小孩的生存危機。認知到自己不討父母喜歡，會給小孩帶來莫大的焦慮。

如果自己想做的事父母非但不樂見，甚至會為此斥責自己時，我們就會深信自己真的做不了，導致焦慮越演越烈。

以我的童年經驗為例。我媽曾說過，我三歲時就吵著想學鋼琴，但我思想守舊的父親認為男生怎麼可以玩樂器，於是逼我去練劍道。我完全不記得自己學過劍道，依然苦苦央求父母讓我學鋼琴。

父母明白我聽不進去「男生不能學彈琴」的說法後，就用「我們家很窮，學不起」的理由回絕了我，甚至還使出「買這麼貴的東西，會讓全家喝西北風」這種帶給小孩罪惡感的戰術。他們嘴裡嚷著沒錢，卻無視我的意願逼我補數學和學游泳，而我居然笨到沒發現這其中的矛盾之處。

我當時真的不懂，為什麼自己每天早上五點就得起床，去學自己從未要求也毫無興趣的才藝。我為什麼無法做自己熱愛的事，勉強自己努力去做不感興趣的事情呢……

也許人生就是身不由己吧？這個觀念深深烙印在年幼的我心中。

我想每個人或多或少都有類似的經驗。

在親子戰爭中，始終是掌握經濟大權的父母佔上風。我猜想成功逼我放棄學琴的父母，八成暗自竊喜省了一筆吧。無奈之下，我想彈鋼琴時，只能趁機跑去朋友家或是學校。

還好小學五年級時，幸運女神眷顧了我。當時我的班導師小堀老師看不下去，趁家庭訪問的時候，當面跟我父母溝通讓我學鋼琴一事。

面對同樣說著買不起鋼琴的父母，老師有一個提議：「我把學校淘汰的風琴送給他好了。」既然話都說到這個份上了，父母自然不好推辭。換作現在，獨厚特定學生的做法很可能會遭到質疑，但在一九九〇年代時，對這種事倒是相當寬容。

所以我從三歲起就百般央求的鋼琴夢，在苦等了七年後終於如願以償，真是謝謝小堀老師！然而，我完全不想從《拜爾練習曲》開始學起，只顧著彈自己喜歡的曲子，甚至無視樂譜亂彈和作曲，最後被鋼琴老師以「孺子不可教也」的理由把我逐出師門，實在無顏面對小堀老師。

在那之後，我依然過著天天彈鋼琴到晚上的日子，但就算學會彈整首曲子，別說是被稱讚，還會被父母嫌吵……

順帶一提，過去我一有空就會打電玩遊戲，像是《魔法氣泡》和《太空戰士6》（*Final Fantasy VI*）等，有時甚至會通宵打電動因而挨父母罵。雖然聽起來有點像是強詞奪理，但當時被父母禁止學琴的我，根本就是把過剩的精力都宣洩在電玩遊戲上。

然而，自從得到風琴後，我改成了徹夜練琴，也自然遠離了電玩，雖然依舊沉迷於像《音樂工具箱》這種能自行編曲的電玩遊戲。既然熬夜沉迷於嗜好橫豎都會挨罵，不如一開始就讓我做想做的事。

人在年幼時真的很難順心如意。

這個故事還有後續。現在的我偶爾會靠彈琴、教琴甚至作曲來補貼生活費。（不過我當初拿到的是風琴，還被鋼琴老師逐出師門，或許稱不上什麼成功的經驗談就是了……）

不過這個例子的成功之處，並不是金錢層面，而是自己當初**就算受到百般阻撓，卻依然沒有放棄做想做的事**。

儘管這個成功經驗看似微不足道，但它卻在往後的人生中支持著我，往後每當遇到似乎只能放棄活出自我的情況時，我也能告訴自己「事實也不盡然是如此」，然後堅持到底。有了幾次類似經驗後，它就會化身為我們的心靈護身符，讓大家逃離「無法活出自我」的詛咒。

話雖如此，我們也不能永遠把自己人生一切不如意都怪罪在父母頭上，這個招數只適用於只能乖乖順從父母的歲數之前。

人一旦能夠自食其力，即使父母反對也沒必要覺得有罪惡感，因為我們可以用自己賺來的錢，去做自己喜歡的事。雖然我們明白這一點，但童年的焦慮回憶卻緊黏著自己不放，怎麼甩也甩不掉。

長大後我才明白，父母對於小孩的干涉，多半是**基於對孩子生存方面的責任感**。

若是攸關生命安全的事，還算容易判斷，例如父母怕孩子衝到車子呼嘯而過的馬路上會有危險，於是拎住孩子的衣領，將之拉回人行道。諸如此類的干涉，日後只會在孩子心中留下感激的心情。

但換作是如何讓孩子擁有美好人生的情況，可就棘手了。

為人父母者，誰不希望自己的孩子能健康生活，還能活出美好人生，那是再好不過了，所以父母才會對自己的孩子下指導棋。

只不過，父母往往是依據自己身處的年代和社會常識，來判斷「美好人生」的定義。

也就是說，父母是用比孩子身處年代過時至少二十年的陳舊價值觀，為自己的孩子規劃美好人生。

但孩子跟父母畢竟成長於不同世代，所以父母過時的忠告非但派不上用場，甚至會成為新世代子女的絆腳石。就算相差二十歲都會引發世代隔閡，更別說像我家這種年過四十才老來得子的家庭，親子衝突倍增也是在所難免。

也許正是因為如此，我經常會慶幸還好當初沒照父母說的去做。

而且撇開侵害兒童人權的爭議，我果然還是無法責備我的父母對我做出的那些行為，因為他們只是希望我能活出老一輩人眼中的美好人生。

以學鋼琴為例，過去與鋼琴相關的職業確實由女性擔任居多，也難怪父母會覺得男生學鋼琴對人生毫無用處，也不贊成我接觸鋼琴。

相反地，什麼事會讓我父母感到欣慰呢？簡單來說，就是在他們強迫我去學習的領域中，我做出一番成績的時刻吧，像是考試考一百分、獲頒模範生獎狀接受表揚等，就是受到普羅大眾認同，最大公因數的成就。除此之外的成就，任憑我再怎麼努力他們也無感。

我的第一本著作《才不是魯蛇》正式出版時，他們的反應也讓人無言。當我拿書給父母時，他們先是滿臉訝異，然後不予置評。再次回老家時，我看到那本書和其他紙類回收物一起被打包成捆，差點被當成資源回收丟掉，還好我急忙把它搶救出來。

我家確實沒有閱讀的習慣，別說是我父母不看閒書，連我自己到現在也一樣，也許他們不懂窩居這件事為何能出書吧。（話雖如此，我的父母居然對我出書這件事無感到這種程度，讓我感到相當無力……）

不過，我覺得也不能怪他們。

我父親在工廠上班，母親在蔬果店打工，假日的休閒娛樂不是看電視就是打小鋼珠，最大的夢想是擁有自己的房子——簡直就是昭和時代傳統父母的代言人。

平凡無奇父母描繪出的「美好人生」無法套用在我身上，所以我們磨合的很辛苦。但這也是沒辦法的事，如果四十多年前的價值觀能套用在我身上，我想我也會和現代社會格格不入吧。

不只是鋼琴，像是「獨自環遊世界」、「孤身前往東京」、「拒絕當朝九晚五的上班族」等父母不看好的生活方式，如今都成為我的生財工具。無論是父母不看好自己卻執意要做的事，還是父母看好但自己不想做的事，最終都會以某種形式，成為活出自我的重要指引。

所以各位不妨把父母的反對，當成辨識自己「是否真心想做某事」的快篩試劑吧。

多虧當年自己有激烈地反抗父母，如今的我就算遇到不順心的事，也不會對他們心懷怨懟，我對此由衷感激。

來自學校的焦慮

無庸置疑地，學校也會在我們心中埋下焦慮的種子。

但就我而言，國小和國中帶給我的焦慮，本質上不太一樣。國小受的是義務教育，即使我超不會唸書、頭髮天生偏褐色，除非有什麼天大的理由，不然鐵定會升國中。就算惡作劇被師長斥責也無關痛癢，不會對日後造成任何影響。

我就讀的國小沒有制服，每位同學穿的都不一樣，因此些微的個體差異也會被穿著打扮遮掩住，除非是外觀太過偏離平均值，像是個頭特別高、身材特別胖等，不然很難受到注目，同學們對於「每個人都會有點不太一樣」有普遍共識。

至於與眾不同的人會成為同儕怒罵、排擠和霸凌的對象，是從我上國中才開始的。

升上國中後，小至制服、髮型、用字遣詞，大至校外行動等各方面，都會帶給我前所未有的從眾壓力。那是個制服的扣子沒扣好就會被罵態度囂張，充斥著千奇百怪常識的奇妙世界。

但我視潛規則於無物。比起穿制服更愛穿運動服的我，老愛穿運動服上學。也由於熱愛創作音樂，所以會跟朋友一起錄製專輯，並且製作宣傳海報，向同學們強行推銷。還有一次，上課到一半，我想到今天是宇多田光《Distance》新專輯的發售日，因為突然覺得非買不可，索性蹺課……諸如此類，我想自己肯定把「冷靜」的特質忘在娘胎裡了。

我想上述行徑很難不引人注目吧。

我只不過跟小學一樣穿自己喜歡的衣服，隨心所欲去做自己想做的事情，但周遭人卻不是這麼想。原來我應該懂得察言觀色和遵守潛規則，彷彿變色龍般配合環境轉換態度……遲鈍的我很晚才領悟到這一點。所以我後來被學長們蓋布袋海扁一頓，還被班上同學視為異類排擠。校園霸凌的經歷帶給我嚴重的心理創傷，至今回想起來，還是會忍不住渾身發抖，一點辦法也沒有。

我的創傷後壓力症候群（PTSD）就是無論是多麼雞毛蒜皮的小事，也能勾起當時的恐懼，使我心驚膽戰起來。

在此分享一個經典案例。

以前我在東京過著節約生活時，經常去多摩川摘野菜吃，某次曾偶遇藝人U先生。U先生最有名的事蹟就是當過飆車族隊長，於是我腦中頓時產生「飆車族＝流氓＝會對人拳打腳踢施暴」的聯想。

突然從草叢中冒出來的我，看起來一定很可疑吧。然而我當時早已失去理智，生怕被誤以為是在野外大便的怪人會挨揍，所以他明明沒問我，我還是自顧自地隔空喊話：「我、我是來摘野菜的！（內心OS：所以別揍我）」

U先生：「喔，這樣啊……」

我：「您、您住在附近嗎？」（內心OS：別踹我）

U先生：「對，就在這附近，你呢……」

我：「我、我是把腳踏車停在那邊，徒步走過來的！」（內心OS：別抓住我的頭髮強行把我拖走）

U先生：「臭小子，我是在問你住哪邊！！」

聽到這句話後，我以為自己死定了，於是沒命似地逃離現場。

事後打電話跟朋友說起這段經歷，對方捧腹大笑，但有創傷症候群的我，是打從心裡恐懼不已。

事後想想真是莫名其妙，我老早不是過去那個國中生，而且U先生也不是當初的施暴者，我壓根不會挨揍。儘管心知肚明，但創傷後壓力症候群就是這樣吧，發作的原因和時間、地點、對象無關，只要遇到觸發的契機，就會反射性的發作。

話說回來，U先生是位仁慈又彬彬有禮的人，那句「臭小子」應該是我聽錯了。

大家聽過「巴夫洛夫的狗」這個舉世聞名的心理實驗嗎？有個心理學家發現餵狗時，只要重複搖鈴後再餵食的動作，後來狗一聽到鈴聲，就會反射性地分泌唾液。由此可知，條件反射根本與時間、地點和對象無關。

我光是聽到「流氓」二字，就會聯想到「毆打」，進而幹出蠢事，形同巴夫洛夫的狗做出條件反射的流口水反應。

但我想說的是，那個焦慮並非是我造成的。

縱然我極力想隱瞞這一點，但日後還是會自曝其短吧？在流氓學長們畢業前，身為霸凌對象的我被圍毆根本是家常便飯，如今回想起來，依然無法輕鬆看待那段經歷。

雖然某些有相同遭遇的人，也會故做開朗地說：「痛苦的經歷造就了現在的我」，**但我覺得沒有什麼比合理化自身痛苦更難受的事了**。

話題扯遠了，讓我們回歸正傳吧。

上了國中後，老師懲罰學生的手段也更上一層樓了，不像小學體罰完就沒事了（在我的年代，體罰是很稀疏平常的事），簡單來說，老師會利用「你的前途掌握在老師手中，所以得乖乖聽話」的手段來恫嚇學生，這是為人師表該有的行為嗎？

總結來說，學校帶給我的是「與眾不同會被視為眼中釘被毆打、被同學排擠，以及被老師斷送未來」的焦慮。隨著年歲漸長，我越來越覺得這是很不正常的現象。

至今，我依然對於訴諸暴力手段，迫使他人放棄求生意志的一切人事物感到憤怒。

來自職場的焦慮

我的職場生活開始的很早。

我在國中畢業的隔天就開始打工，由於家境不富裕，所以我從小就對生活原來這麼花錢的事實感到錯愕。

與其說我打工是出於對父母的感激，不如說是身為米蟲的我滿心愧疚，渴望能盡快自食其力。當初父母百般刁難我想學鋼琴的願望，也讓我對於無法賺錢幫忙家裡一事感到懊惱不已。

所以我在國中畢業前，就去報社應徵送報員，但對方以「僱用國中生會有很多問題」的理由回絕了我，因為法律規定最早能工作的年紀是國中畢業。

雖然我上的公立高中校規中明文禁止打工，但我壓根不當一回事。反正早晚得靠自己賺錢，把打工當成暖身有什麼不對？

雖然我事先徵詢了父母的意見，想當然耳被他們以「校規說不行就不行」

的理由拒絕，但我依舊當耳邊風，甚至騙雇主說自己得到了父母的同意，直接開啟了我的打工生涯。

最終，我如願以償地去自家附近的中式餐館打工，然而老闆卻很嫌棄我。

首先是我不會盛飯。所謂「把飯盛得更蓬鬆點」是什麼意思，各位能理解嗎？老實說我也不懂，完全搞不懂差異在哪裡的我甚至反問老闆：「盛得蓬鬆點是什麼意思？」在連

續盛了好幾碗飯都被打槍後，老闆告訴我：「夠了，你不用盛飯了。」

再來就是我很不會端盤子。任憑我再怎麼練習，還是無法保持平衡，端托盤行走時，頂多只能保證拉麵的湯汁不會潑出來。而且我走了三步後，就把客人的點餐內容忘得一乾二淨。在廚房打雜時，炒飯的配料火腿都被我整碗打翻。

當時的我突然領悟到很嚴重的事實：原來世界上的人分兩種，就是能幹與不能幹的人……。

總之我根本「成事不足，敗事有餘」，為什麼父母和其他人都能稀疏平常地幹活呢？

站在老闆的立場，看到無能的員工當然會生氣，而初次接觸職場的我，開始發覺自己如此無能，就算辭去這份工作，外頭可能也沒人敢用自己。

我在這裡整整忍耐了一年半，後來店內來了位可愛的短大生，結果她犯的錯居然也會莫名其妙地算在我頭上，再說我跟大家也聊不來，漸漸地也成為同事們的眼中釘。

就在職場處境日益惡化之際，我們家也剛好搬到遠方，最後我索性離職。

我記得當初的時薪是六五〇元（約新臺幣一四三元）*，我領到的第一份薪水是一九八〇〇元（約新臺幣四三五六元）。儘管自力更生賺錢是很寶貴的經驗，我也很慶幸有去打工，但在離職那天的歸途上，我簡直快要哭出來了。

未來一定得自食其力，但我卻連利用課業閒暇之餘的兼職都做不好。沒用的我畢業後肯定也賺不了錢，無法在社會上生存下去吧……

由於我的另一個角色是高中生，所以這份打工帶給我的挫折感只有一半。如果我當初考不上高中，全職工作又失敗，搞不好會因為打擊太大變成尼特族#吧。

認真回想起來，儘管我知道自己的家境不富裕，卻也不確定是否有到貧窮的程度。

雖然我們家確實不太會外食或旅遊，但起碼衣食住都不缺，而且還是雙薪家庭。我猜父母八成發現，只要把「貧窮」二字當成免死金牌亮出來，我就會閉嘴讓步，所以才會食髓知味地再三強調「我們家很窮，所以不可以」。

我還有一位哥哥，雖然我們生長在同一個家庭，但他卻是悠哉的樂天派，跟我完全相反。

我會對於家境感到憂心忡忡，告訴自己不能去讀學費昂貴的私立高中、國中畢業後必須立刻工作，但我哥卻是一派悠哉地去私立高中，他高三時心血來潮去打工，結果做一天就不幹了——看來被父母成功洗腦的人只有我。

但我家確實供不起我上大學，或許很適合用時下的流行用語「相對貧窮」

＊本書中若無特別說明，幣值皆為日圓，日圓對臺幣匯率約為〇・二二一（以當下匯率計算）。

＃尼特族（Not in Education, Employment or Training，簡稱NEET）一詞最早源於英國，是指不安排就學、不就業、不進修或不參加就業輔導的年輕人。

來形容吧。

不過光是如此，就足以讓青少年的內心隱約對生存產生焦慮了。

焦慮是誰造成的？

由此可見，或許焦慮的原因就是「與眾不同」和「做自己」吧？因為在與他人尚未建立連結的童年時期，根本無憂無慮，主動否定自己的向來都是別人，不是我們自身。

只要無法符合父母、他人和社會的期待，便會遭到斥責和毆打，導致我們認為自己很沒用，最終習慣在**第一時間壓抑自己的想法以及想做的事**。（順帶一提，工作是出於賺錢的目的去抑制自己的想法跟想做的事情，所以不太一樣。）

年幼的我們極度缺乏知識和經驗，所以很容易產生以偏概全的想法，但事實不是自己想的那樣。所謂「山不轉路轉，路不轉人轉」，總會有自己的容身之處。

當焦慮控制了你，日子過的不如意時，先別想這麼多，也別急著定論是好是壞，首要之務就是**別怪罪自己**。

臺灣窩居生活

我的一天

我起床的時間沒有固定，大致是早上六點到中午前。

我之前在東京租的公寓南面有扇大窗戶，到了早上房間也會變亮，所以自然就會甦醒，但目前我在臺灣租的公寓位於四樓，不只朝西向，連西側都建了其他公寓，導致採光很差，就算天亮了我也是後知後覺。而且臺灣是晚上才倒垃圾，所以無法像在日本倒完垃圾後，順便合掌敬拜晨曦。

為了沐浴在晨曦的陽光下，專程起床更衣上下四層樓，對於年過三十的初老身體來說相當麻煩。對了，因為這棟公寓房租低廉，想當然耳沒有附設電梯，每次提行李箱時，都覺得手臂都快斷了，但我不想為了住在附設電梯的屋子增加自己的工作量，所以就這樣吧。

早上我第一件事就是打開窗戶，洗臉刷牙，邊喝溫開水邊條列出今天想做的事。然後上廁所、冥想和做瑜伽，還有我最近迷上的收音機體操。

吃完早餐後，我會迫不及待地展開一段彷彿無盡沙漠般，無垠無涯的自由時間。

中午前我大致會先打掃洗衣，然後更新部落格，寫寫自己有興趣的文章。若是有工作上門，我會優先處理。

下午我會外出散步，順便去餐廳用餐，然後去超市買食材，也會去廟宇拜拜，餵餵當地的流浪貓，當趁機想偷摸結果被貓發了頓脾氣後，便打道回府小睡片刻。天氣好的日子，我會買杯珍珠奶茶，在附近的長椅上做日光浴，或是躺在草地上睡午覺。

吃完晚餐後就看書。偶爾會學習語言、上網搜尋感興趣的資訊和看電影，之後還得倒垃圾。臺灣的倒垃圾文化是在路邊等垃圾車開過來才能倒。倒垃圾的時間一到，馬路上就會出現大排長龍及塞車等情況，機車也會在人群中鑽來鑽去，大家在清潔人員的吆喝聲，還有廢氣和垃圾臭味的包圍下自行將垃圾投入車內。每每這個瞬間，我都會深刻感受到自己身在臺灣。

若是心血來潮，我會去附近的大學操場慢跑或鍛鍊肌肉。感覺心情愉快或身體暖起來時就會停下來，但自我意識過剩的我，健身時不愛被人看見，所以一定會躲在暗處運動，也會盡量在家以徒手訓練的方式健身。

我的睡眠時間也不一定，通常是〇～十二小時。像今天我只睡四小時就起床了。偶爾也有睡不著覺的時候，但因為會睡午覺，所以平均睡眠時間落在八小時。對窩居生活而言，睡不睡覺根本無關緊要，就算不睡覺也意外地沒差，只要想到就算不睡覺也無所謂，反而睡得很好。如果想睡卻睡不著，我便會想「這種時間，不曉得外頭會是什麼情況」，然後三更半夜外出探險。

雖然偶爾會因為「肚子有點痛」、「心臟好像有點緊揪起來」等原因驚醒，但兩秒後就覺得「日子過得很愜意，謝謝大家……」然後自暴自棄地再次進入夢鄉。

值得慶幸的是，至今尚未一覺不起。

CHAPTER 2

離開讓自己焦慮的環境

歡迎來到焦慮的世界

我在東京的第一個落腳處，位於杉並區的幽靜住宅街，是月租約七萬（約新臺幣一．五萬元）的獨棟分租套房。

如果當時的我具備獨居在東京二十三區的相關常識，就會發現那間房子雖然公共空間大，但為了二．五坪的北向房間花那麼多錢，真的很傻，但當時無知的我卻渾然不覺。

打從來到東京，我的經濟就陷入拮据，惶恐不安地展開一年半的窮忙生活。顯而易見地，我就是因為對此忍無可忍，才一頭遁入窩居生活，雖然就結果而言算是好的，但經濟層面還是完全失敗了。

至於失敗的原因，就是懵懂無知的自己太過自信，沒有做好事前功課就來到東京生活。我卻天真地以為根據過往的經驗，應該會船到橋頭自然直吧。

我來東京前曾環遊世界一周，單純是因為讀到有位環遊世界的人出的一本書，便立刻覺得自己也能去。

我全身上下的衣物連同內衣褲只準備了一套，甚至連筆電、信用卡跟手機都沒帶，雖然旅遊預算有一百萬（約新臺幣二十二萬），但光是環遊世界的機票就佔了六十萬，所以我只帶了四十萬和旅行支票就出發。想當然耳，我連行李箱都沒有，出發前的背包重量只有五公斤。

換作現在，連我都想吐槽自己：只帶四十萬，怎麼可能去環遊世界呢？但初生之犢不畏虎的我，就這樣不假思索地出發了。

可想而知，我旅行到一半就盤纏見底，淪落到在夏威夷、紐約和倫敦打黑工的窘境。但不曉得是幸運還是不幸，當時我也熬過來了，所以我也就這樣莽莽撞撞地來到了東京。

雖然決意去東京打拚看看，但因為兼職競爭激烈，所以無法馬上找到工作，就算找到工作，主管分配給我的排班也超少，因為主管擔心同個工讀生排太多班，一旦對方臨時休假會很傷腦筋。稍微跟朋友約見面，交通費和聚餐費也很花錢，回過神，才發現我已經陷入了無法休息，時間被切割得支離破碎的打工地獄中，無法自拔了。

我很快就淪落到為了付房租而工作的情況。我領著被室友接濟的米等物資，開始不曉得生活的意義何在，同時也見不得別人好，就算表面上會對需要幫助的人伸出援手，背地卻在幸災樂禍，我的精神狀態簡直糟到極點。

即便如此，我還是成功脫離了這個泥沼。也許是因為我天生就會對內心的矛盾追究到底的緣故。

我並沒有想揮霍度日，只是想過平凡的生活，但已經每天無止境地工作，還過得苦哈哈……**儘管理智說服自己這是社會常態，但內心卻矛盾地覺得這種現況很不對勁，肯定有哪裡出了問題**，在此同時，也對於這種生活感到深惡痛絕。

逃離焦慮的城市

如前所述，杉並區高昂的生活費，使我完全付不起每個月該負擔的國民年金。當時即使每天努力打工，月收入卻僅有十萬（約新臺幣二．二萬），所以在付完房租和預留的生活費後，甚至連一四六六〇元（約新臺幣三三〇〇元）的國民年金都籌不出來。

這個事實讓我覺得自己根本是個魯蛇。同齡的人都能正常繳交國民年金，但我連一毛都付不出來。日本二十歲一代的男性平均年收入為二四八萬（約新臺幣五十四萬），但我完全賺不到這個數字，自尊心也瞬間跌到谷底。

我迫切渴望過上普通的生活，幾乎到了快要發狂的地步。

如果當時有人願意提供我能過著普通生活的薪資條件，也許我會如餓虎撲羊般一頭栽進去。當時我沒被有心人士盯上，誤入歧途、捲入事件，大概是因為運氣好吧。

至於我如何挺身回應這種困境呢？說真的，我根本沒有面對跟解決，只是落荒而逃。

辛勤工作的我，居然會深陷毫無餘裕的泥沼，使我惱羞成怒地想著「是這個社會太苛刻了，問題不在我身上」，但我主要是對必須負擔如此高額的房租感到忿忿不平。

就在這時，我無意間瀏覽網頁，發現東京近郊地區的房租非常便宜。

於是我逃到一間距離國分寺站需徒步二十分鐘以上，但月租只要兩萬八（約新臺幣六二〇〇元）的公寓，這簡直是破壞東京房租行情的超低價格，在那裡等待我的是「週休五日」的玫瑰色人生……不對，搬家後我還是跌跌撞撞了將近兩年，才能安穩地過著週休五日的生活。

焦慮佔據內心時，會使我們的思考趨於狹隘，動不動就往壞處想。**由於陷入焦慮的人會失去冷靜的判斷力，所以此時最好別下任何重大決定**。若你的內心總會感受到莫名其妙的焦慮，不妨先離開那個環境。

話雖如此，但一走了之會造成什麼後果呢？或許很多人想到這裡，內心又會開始焦慮吧？請放心，下一篇我會分享自己離開焦慮環境後的實錄，請各位務必用這個例子進行沙盤推演。

落荒而逃後的領悟

搬到國分寺的我，已經對於這個社會感到疲憊，而且嫌惡至極。

於是我斬斷了私生活的人際關係，把手機門號解約。每天自炊，食材也是去摘取免費的野菜來解決。衣服只留下能輪流更換一年，以及不須送洗的衣物，移動方式不是雙腳就是騎腳踏車，卯足全力地過著節約生活。

此外，低廉的房租也大幅降低了生活費，使我終於如願以償地擺脫高壓窮忙的打工生活，過著「週休五日、年收入低於一百萬（約新臺幣二十二萬）」

的生活。

結果是，這種生活沒有對我造成實質上的困擾。唯一的不便之處，大概就是展開窩居生活後，沒人施捨米給我了。

「咦？莫非窩居後的我，經濟反而獨立了……？」

此時我終於明白到，這個社會對薪資水準的要求過高，因此我們完全沒必要因為達不到這個高標，就認為自己是魯蛇。

得不到他人理解也無所謂

想成功脫離焦慮環境，重點在於不用管他人是否能理解自己做出的決定。等待他人理解不但要花很多時間，若因為這樣而耽誤到自己的人生，真的會後悔莫及。

我甚至會建議大家想逃就逃，根本沒必要說服自己。因為說服自己的過程中，會讓我們跟自己腦內的假想人物（像父母、朋友或社會大眾）陷入天人交戰的局面。就算最終成功說服了自己，但這個過程實在太浪費時間了。

當我們深陷焦慮時，先別急著煩惱這樣做，日子是否會過不下去。因為此刻的我們缺乏正確判斷力，因此**首要之務是減輕自己的焦慮**。

沒人規定要有理由才能逃跑吧？若是待在某個環境下讓你很焦慮，便足以構成逃離的動機了。如果硬要為逃跑找個理由，那就對外宣稱自己要去沒有局外人干擾的安全地帶避難就行了。

但別以為暫時離開痛苦環境就可以放下心來，還有件非做不可的事。

那就是從今以後，**請大家為自己的人生掌舵**。

從市中心窩居到國分寺的我，看在旁人眼中，或許就像是落荒而逃的喪家之犬。事實上我也的確是一心想逃跑，但於此同時，我也對自己許下承諾，內心萌生一種「不輕言退縮」的覺悟和責任感。

仔細想想，當初住在東京二十三區的我，形同把自己的人生決定權交給了「東京」，才會忿忿不平地抱怨「誰叫東京房租那麼貴，生活再怎麼辛苦和不順遂也不是我的錯」。所以待不下去時，只要把責任歸咎於東京，然後搬回家鄉，並安慰自己「不是我的問題」就好。

若是離開高房租的東京市區，搬到了低房租的近郊後，生活依然很不順遂的話呢？那我想自己本身一定也有問題吧。

對某些人來說，不用為自己的人生負責是很甜美的誘惑。因為不必煩惱自己想用什麼方式活下去，也不必思考如何分辨是非對錯，還有自己該相信什麼。更具體地說，「自己究竟需要多少錢才能生活？」「為此該選擇哪種工作型態跟消費模式呢？」當我們開始煩惱這些事的時候，焦慮感也會隨之而來。

只要全盤接受社會、父母或公司為自己設定好的生活方式，自己肯定會有容身之處，但自行思考做出來的決定，卻可能會陷入被社會大眾孤立的處境。

交出自己人生決定權的人，也不會為結果負起責任。

說實話，搬去郊外的我，雖然一心只想著逃跑，但我也拒絕把一切不順遂都歸咎於東京還有其他人身上。當我們懂得拒絕推卸責任、為自己的人生的掌舵後，才算是正式展開人生。我永遠忘不了離開東京的自己，當初那副躍躍欲試的模樣。

實用篇

如何暫時遠離焦慮的環境

人一旦發現全心投入的事物最終發展不如預期，就會終日感到鬱鬱寡歡。其實能察覺到自己的情緒還算好辦，若是麻木不仁，可能代表我們早已筋疲力盡到無法釐清自己的感受，就算偏離自我也渾然不覺。

如果我們沒發現自己不快樂，就會離自我越來越遠，內心的焦慮也會越演越烈。

若是想減輕焦慮，首要之務就是訓練自己能敏銳察覺內心產生的不悅及矛盾感。像是不悅的原因、負面情緒從何而來，以及今後的人生有何打算，事後再來思考就好。

話雖如此，但總不能叫人突然辭掉工作搬去鄉下吧？連我也沒有那樣做的勇氣。

本篇我將介紹暫時脫離焦慮環境的方法，這些都是我親自實踐並奉行至今的有效行動。

❶手機關機

先把手機關機吧！這是所有人都能立刻輕而易舉做到的好辦法。

雖然我在東京過窩居生活時沒用手機，但四年前移居臺灣時還是買了手機。這時我才驚訝地發現，手機幾乎佔據了日常生活所有的零碎時間。邊吃東西邊看手機的人就是這樣吧！

除此之外，過去像是在車站搭乘電扶梯、等待列車進站、剛醒來半夢半醒之間等能夠放空的零碎時間，如今都被手機霸佔。少了放空的時間，感覺就像隨時有人在後頭追趕自己般，讓人靜不下心來。話雖如此，大家還是自願性地掏出手機……。

我嘗試關機後，才發現原來沒有手機的世界超～安靜。這才驚覺原來手機和網路傳來的資訊和廣告有多麼吵雜，內容有多麼瑣碎，它們輪番轟炸著大腦，使人心浮氣躁。這個發現讓我感到既新奇又愉快。

關掉手機，腦袋開始放空後，天馬行空的靈感也紛紛竄入腦中。最近我異想天開的想法是「手機成天跟我黏在一起，想必也很累吧？」如果我是手機，才不想一直開著機呢。

某一天，當我把關掉的手機留在屋內準備出門時，突然心血來潮地把手機放在枕頭上，還為它蓋上棉被，希望今天讓它好好休息。走出屋外時，我瞄了床鋪一眼，覺得它的睡姿真可愛，甚至想對它說：「好了快睡吧，真是辛苦你了，謝謝。」

看到這裡，大家肯定想問我：然後呢？

其實並沒有所謂的然後。

如今的社會氛圍中，我們的言行舉止總是被規定要有結果、理由和結論，要不然就是提出成效或是性價比，關機（＝創造放空時間）就像是一種使我們跳脫這種框架的練習。你會發現不用向他人刻意解釋結果跟理由，會給自己一種彷彿重獲自由般的暢快感，甚至感到意猶未盡呢。

硬要說的話，調劑生活的東西有很多，但是腦袋放空的瞬間，這種暢快感會意外地快速降臨，而且既不具備危害身心的成癮性，也不

會留下任何後遺症。

不帶手機出門後，也會大幅影響到自己的所聞、所見和所想。本來微不足道的事物，頓時都會看見跟聽得一清二楚，像是他人的走路方式、平常覺得平淡無奇的景色，還有人們對談時的語尾起伏等，然後就會突然興起一些奇思妙想，替手機蓋棉被就是一例。

當我們無止境地滑手機，就會填滿所有異想天開的放空時間。大腦放空有什麼益處呢？我只能說它雖然重要，但卻沒有明顯的益處。反過來說，凡事講求利益，腦袋無法放空又喘不過氣來的處境，才是真正讓人感到壓力很大的元凶。

利用關機爭取時間及空間上的寧靜，才有機會察覺自己是否被焦慮追得團團轉。

絕大部分的人早已習慣手機不離身，剛開始把手機關機很可能會感到坐立難安。

但放心吧，這是正常現象。養成關機的習慣後，對於手機和網路消息的反應速度會慢別人半拍，不斷更新的資訊也會在瞬間稍縱即逝。

如果我們面對訊息的流逝能感到無動於衷，內心焦慮感也會減少幾分。因為這代表你可以一派輕鬆地看待這件事，反正若這個訊息跟自己有緣，早晚會再相遇吧。

再次提醒各位，沒有養成定期關機的習慣，焦慮又會慢慢累積起來。別以為成功消除過焦慮一次，就能從此掉以輕心。

焦慮好比塵埃，會在不知不覺間無聲無息的積在心中。必須頻繁清掃，不然過濾器會堵塞，導致情緒探測器故障，使我們分不清楚是非對錯，好的壞的統統照單全收。

只要持之以恆地關機，就能跨出遠離焦慮世界的一小步。也許尚未習慣時會感到焦躁不安，但大家不妨先從晚上關機開始做起。習慣後就可以在出門前故意把手機放在家裡。只要連哄帶騙地延長自己不看手機的時間，久而久之就會發覺暫時離開手機也沒什麼大不了。

當你領略到「原以為沒手機會活不下去，但意外地沒什麼大不了」後，內心會感到無比自由。

請各位務必體驗看看。

❷拒絕不想去的邀約

每個人多少都有推不掉不想去的聚餐和聯誼，最後答應赴約的經驗吧？

試著拒絕這種邀約吧。

話雖如此，要大家突然硬起來推掉邀約也很強人所難。如果彼此是像朋友那種對等關係還好處理，但不對等關係的邀約往往很難推辭。我通常是盡可能地全數拒絕，也會稍微編些理由，好讓自己更容易拒絕別人。

雖然我會捏造理由，但我不認為這是說謊。真要說起來，勉強自己赴約才是對自己的心說謊吧。**既然橫豎要說謊，與其對重要的自己說謊，不如對無關緊要的他人說**。

如果邀約對象是自己也想見的人，我們絲毫不會產生拒絕的念頭，也就是說，我們大可不必在連見面都會讓自己感到厭煩的對象面前裝好人。

雖然我基本上都有空，沒有忙到無法赴約的問題，但是我酷愛獨處。由於當面直接拒絕很傷感情，所以我往往會捏造理由。

如果是近期的邀約，我會用「好像快感冒」和「這個月手頭很緊」的理由來推拒。（跟我一樣深怕言語成真的人，可以嘴上拒絕後在內心補上一句「才怪」來化解。）

至於非近期的邀約，我會說「剛好那陣子有事（旅行和回國等）」，如果取消再跟你說」，然後置之不理。假如對方沒繼續追問，我就會暗自竊喜。

最棘手的邀約，其實是對方在我措手不及的情況下，當面向我提出的邀約。即使想編理由，但我的腦筋轉得沒那麼快，所以通常會變成這種情況：

我：「呃……」

對方：「你有排其他事情嗎？」

我：「是沒有啦……」

對方：「那代表有空嘛。」

最終就會在糊裡糊塗的情況下答應赴約。

由於赴這種約難免也會花錢，因此最好盡快編個合情合理的理由來回絕對方，像是回家後突然想起那天有事等等。

不過比起想理由，更值得各位省思的是，**如果不去也沒差，為什麼無法誠實與對方說不想去？**大家可以利用拒絕邀約爭取到的寶貴時間，好好思考一下。

如果怕影響往後的人際關係，因此不情願地配合對方，代表你可能是以權衡得失的心態在挑選交往對象。

如果是怕拒絕邀約會傷感情，不妨反思對方是否有對你情緒勒索，這樣的關係是否健康。

雖然不用說謊就能拒絕邀約是最好的，但「一開始就拒絕赴約」是更容易的方法。

只要以年為單位一點一滴地累積經驗，你會神奇的發現，不想去跟拒絕不了的邀約都會逐漸減少，因為你已被社會大眾認證是「不愛交際的人」。

編理由跟拒絕他人都很耗費精力，所以與不想見面的對象保持距離才是上上之策，用節省下來的精力充實自己的人生吧。

❸溫泉旅行

無論是關機或是拒絕邀約都有困難的人，去能不帶手機，還能順理成章拒絕邀約的地方也是一種辦法。

那就是去泡溫泉。

這是當今社會大眾都能輕易前往，又能遠離手機的超優質場所。而且日本是溫泉大國，無論在哪個城市，只要搭一小時電車，就能找到一、兩間有提供住宿的溫泉飯店。

我在東京的時候，每個月都會去溫泉一日遊，例如東京都內的檜原村、神奈川縣的茅崎和鶴卷溫泉、埼玉縣的吉川、千葉縣的白子溫泉附近一帶。

我會特地花大把時間和金錢去泡溫泉，是因為它跟前述提過的「關機」有異曲同工之妙。有意識地脫離日常行程，這樣做才不會使人生的空白時間被逐漸填滿，所以我是刻意強迫自己去製造能放空的時間。

溫泉旅行的另一個好處，就是能暫時脫離自己的生活圈，以客觀的角度

看待自己的生活。

試著離開自己的生活圈，多半會發覺內心的困擾意外地不算什麼。成為自己的旁觀者，就能冷靜看待事物，也能從第三人稱的角度來看待自己。

但要注意的是，溫泉旅行的主要目的是為自己製造空白時間，所以最好避開影音文字等資訊，減少人為的干擾。雖然有時浴室內會附設電視，特別是三溫暖，但我會待在角落避免看到電視，最好選擇那種能被大自然圍繞，令人放鬆的露天溫泉。

泡溫泉時就算有人來電，也享有不接聽電話的豁免權，自由感也油然而生，畢竟任何人都能隨時隨地聯絡到自己，無形中也會給人帶來壓力。

❸ 透過冥想歸零

我開始冥想的契機很單純，是因為近兩年很常聽到周圍人有在冥想。話雖如此，我並不是想透過冥想獲得什麼厲害的人生體悟，而是抱著玩票性質的心態想說試試看，所以我先從二手書店買了一本冥想的書，看書試著做做看。

用最簡單的方式來說，冥想是有意識地讓身體靜止不動，將自己的思緒專注於某個點。雖然人難免會東想西想，但都只是一閃而過的雜念而已。

我在冥想時，會任由雜念來來去去。當腦中浮現像是「今晚要吃什麼」、「還沒回某人信件」等雜念時，我會在覺察後，放任念頭飄遠就好。

從我的理解來看，這種突然浮現的思緒只是「雜念」。相反來說，會做後續打算的思緒才是「思考」。所以我們無須理會雜念，任由其一閃而過就好了。

冥想十到二十分鐘後，你會神奇地發現，習以為常的房間彷彿初次造訪的空間，帶給自己耳目一新的感受，像是「原來這種坪數的房間會有這種回音」、「光線會從那邊的窗戶射入屋內」等。映入眼簾的是煥然一新，宛如初次邂逅的世界。

冥想也是讓大腦歸零的過程，帶給自己猶如旅途中一覺醒來，瞬間忘記自己置身何處的感覺，而我也會憑這種感覺來判斷自己是否有冥想成功。

冥想久了，還能體察到像是「那人說的話好像怪怪的」、「我好像無意間說了打腫臉充胖子的話呢」等諸如此類太過自我使人反感的言行。

有時還會突然領悟到很多道理，像是「那個問題就視為是內心失去冷靜所導致的，置之不理就好」，然後任其飄遠，也不會試圖去採取後續行動。

冥想的重點並非得到什麼，而是「做就對了」。別抱任何期待，平心靜氣去做就好。

話雖如此，也許讀者會覺得既然沒有任何好處又何必做呢？硬要說的話，我之所以會持續冥想，是因為思緒放空的感覺相當放鬆。冥想可以讓自己強制進入這種狀態。

所以冥想具有和關機、泡溫泉相同的效果。唯有在這段時間裡，會讓我覺得自己毫無牽掛，**就像是我人不在現場，因此所有焦慮都跟自己無關**。我認為想跟焦慮保持距離的話，這是最簡單有效的方法。

我曾聽說某位成功的企業老闆，無論再怎麼忙都會定時上健身房，在他鍛鍊的這段期間連祕書都聯絡不到。也許一個人承擔的責任越大，越是需要這種放鬆的「歸零時間」吧。

建議大家從上述方法中挑個感興趣的去做，逃離焦慮的世界吧。

忍不住開始想
晚餐……
今晚要
吃什麼～
啊！
不能這樣。

實用篇

自我檢測情緒

為了拒絕活在充滿焦慮的世界，我會持之以恆去做的例行公事就是「檢測情緒」。

我在做出任何言行前，會先幫大腦踩煞車，試著冷靜分析自己行為背後有哪些情緒，尤其是否有到負面情緒的影響，像是焦慮、恐懼、強迫性思維、焦躁、自卑、罪惡感、嫉妒、憎恨、虛榮心、占有欲、支配欲、想被肯定……等。

儘管我會自我反省，但當負面情緒趁虛而入後，人就會利用像是正義、正當理由、自我犧牲精神等冠冕堂皇的藉口，來合理化自己的言行。

其實大可不必為自己找理由，如果真心想做，放手去做就好，費盡心思為自己找理由只會弄巧成拙，負面情緒也更容易轉移到言行上。大家八成明白將負面情緒立刻反映在言行上，往往會招致壞的結果，所以才會如此愛為自己找冠冕堂皇的理由吧，因為人總是愛自欺欺人，真是一刻都不能大意。

在此分享我近期在負面情緒驅使下，試圖自欺欺人的案例吧。

那是發生在五月，正值新冠疫情和減少非必要外出的時期。

當時悶到發慌的我，經常去附近散步或是觀察野花，結果發現某塊空地長滿了生命力強韌的小黃花，我很快就興起想摘一朵花回家裝飾的念頭，在這之前我的內心毫無負面情緒。但是在下個瞬間，我卻動起了歪腦筋：「去花店買花一朵要幾百元，但在路邊摘就不用錢，真是賺到了。」也就是說，我的物質欲望瞬間被激發了。

但我先姑且拋開這個念頭，馬上拿出手機拍照，試著上網搜索圖片。結果得知這是「劍葉金雞菊」，但接著問題來了。

我查到劍葉金雞菊起初是基於鑑賞和綠化的目的，於一八八〇年引進日本的外來物種。由於劍葉金雞菊繁殖力強，會威脅原生物種的生存，很可能會對生態系造成危害，二〇〇六年被指定為外來入侵種，因此已全面被禁止栽培和販售。

所以我不禁這麼想：「那就把它摘光光來保護日本生態系吧！」同時我才發現，自己正打著正義的旗幟將物質欲望正當化！——真是太恐怖了。

不對，與其說恐怖，不如說超級無聊。自己那份過度膨脹的正義，無聊到寫出來就會忍不住覺得丟臉……每當我發現自己自欺欺人時，都會覺得自己真沒出息，然後有些沮喪，說什麼保護日本生態系，只是貪小便宜，想摘很多免錢的花回去罷了。

也許這種心態就跟說著「振興日本經濟」，為自己趁特價時大買特買找理由是相同道理。

我看穿了自己的心思並發覺滋生的負面情緒後，就會試圖阻止自己的言行受到影響。

最後我並沒有以「守護日本生態系」的大義摘一堆劍葉金雞菊回家，而是秉持初心，只摘了一朵（為了以防萬一也沒有栽種，純粹觀賞用），然後試著觀察這樣做會怎樣。

一般來說，那股一時興起的負面情緒，會消失得無影無蹤。

畢竟負面情緒最終沒有影響到我的行動，這也代表它並不存在，我的言行也一如既往。

由於表面上並無異狀，所以這齣自導自演的內心戲不但很難向別人解釋，也根本沒人會阻止你這樣做。而且悲哀的是，就算不厭其煩地時時檢測自己的情緒，也得不到別人的認同，反倒是把「今天我發現並摘除了會威脅既有生態系的外來入侵植物」的感想發表在社群網站上，搞不好還能獲得幾個讚。

然而，將負面情緒正當化的人，通常都會給人言行不一的印象。

只要習慣檢測情緒後，就能一眼識破這些伎倆。那些用正義、正當理由和自我犧牲精神等名義美化及正當化的言行，音量往往會大到很不自然，還會散發莫大的壓迫感，感覺相當惱人。

每個人口是心非時的時候都是這樣。例如那人明明處事圓融，但為什麼光是聽他講話就會很不耐煩呢？所以當我感受到現場瀰漫著難以言喻的矛盾感時，便會開始懷疑現場有人受到負面情緒的驅使。

這並非是什麼超能力，因為比起八面玲瓏的交際手腕，**人類對於他人是基於何種心態採取行動，其實出乎意料地敏銳**。

本來就是如此，刻意大聲疾呼的肺腑之言，真的是肺腑之言嗎？

也許會有人覺得，既然負面情緒沒有影響到外在表現，又何必檢測情緒呢？但只要持之以恆，這份辛苦還是有代價。當負面情緒無法左右你的言行時，心靈會獲得平靜的滿足感……雖然可能很微不足道就是了。

不過只要不厭其煩地檢測情緒，你就能毫無焦慮地快樂過生活，所以有時連枝微末節也不能放過。如果我們能夠在這方面做到嚴以律己，也會對自己充滿自信吧。

臺灣窩居生活

衣

我日常衣物的數量，與住在東京的時候差不多。

夏季是素色白T恤配短褲，春秋兩季是棋盤花紋的長袖襯衫配黑色休閒長褲，冬季會穿短版牛角扣大衣和防寒的配件（像是毛線帽、圍巾、雪靴等），這身打扮十年如一日。由於這三到四套的穿搭會輪替一整年，所以不用換季！

令人意外的是，雖然我住在臺灣，但北部的冬天氣溫偶爾會下探十度。每年還是會穿到好幾次大衣，所以我姑且只留一件。

由於臺灣氣候炎熱，日本的夏天衣服（T恤和短褲）根本來不及換洗，只有布料更少的背心和慢跑褲等超涼快夏服才能應急。通常我會去夜市購買，或接受別人的恩典牌衣物。畢竟夏天經常流汗，衣服洗得很兇，所以沒必要買高檔貨，就連鞋子也是穿人字拖就好。

住臺灣的好處是這裡真的太熱，所以不用太過在意穿著打扮。天氣炎熱時，穿著以涼快為優先，這是生物自然而然做出的正確判斷。在臺灣生活與大肆表達自我主張的東京表參道和六本木不同，只要有穿衣服，就能得到人類應有的待遇，真是超輕鬆。

總結一下，我的夏服和春秋服裝都是待在東京時穿的衣物，冬服淘汰到只剩一件，取而代之的是超涼夏服。儘管超涼夏服增加了，但因為輕薄不佔空間，整體來看，我的衣物量算是更少了。

CHAPTER 3

客製化自己的世界

該怎麼活出自我

因為我天生反骨，所以年少輕狂時聽到「活出自我」等口號，雖然沒親身實踐過，也會自以為是地在內心吐嘈：「真是冠冕堂皇的偽善標語。」

所以我想在此聊聊，自己過去中二病末期的模樣，還有如今對於「活出自我」的淺見。

將「活出自我」的口號轉化為實踐行動，其實沒有我們以為的這麼困難。

首先，喊出「活出自我」口號的人，其實絕大多數都不太認識自己，也不曉得自己想做什麼。

我認為最能釐清頭緒的方法，就是思考自己喜歡什麼。但我想也有為數不少人，連自己喜歡什麼都搞不清楚吧⋯⋯

糟糕的是，媒體老愛採訪那些與我同歲，卻活躍於世界舞臺的奧運選手，這也間接影響了我的父母，使得他們動不動拿這些天才來怪我不成材，我真想對父母大吼：「別拿我跟這樣的天才比，要怪就去怪你們的基因吧！」

但在世界舞臺上大放異彩的天才，往往不會認為自己是歷經千辛萬苦才成功，而是出於熱愛所以去做，最後做出一番成績。無論淺田真央、辻井信行還是藤井聰太*，看起來都樂在其中呢！

正因如此，普羅大眾才會把重點放在「做你所愛的事」吧？但就算沒有熱愛的事，也完全沒必要認為自己「不成材」。

我認為大家應該以「隨心所欲地活下去」為目標，這與「做你所愛的事活下去」不太一樣。

講句不好聽的，當你想靠「做自己所愛的事活下去」時，現今社會就會莫

---

* 淺田真央是亞洲第一位三次奪得世界花式溜冰錦標賽金牌並贏得三次「世界冠軍」頭銜的女子單人滑選手；辻井信行為日本首位贏得「范．克萊本國際鋼琴比賽」金牌的全盲鋼琴家；藤井聰太是日本將棋史上最年輕達成「五冠」的棋士，並為最長連勝紀錄的保持者。

名地圍繞著「你所愛的事能怎麼變現」的話題打轉。為什麼非得用所愛的事去賺錢？賺不賺錢重要嗎？

「做自己所愛的事活下去」只有字面上狹隘的解釋，而「隨心所欲地活下去」也包含了「雖然沒有熱愛的事，但目前這樣也很好」的心態，相對來說寬容許多。即使沒有熱愛的事，也可以用刪去法（我決定此生都不要做某件事），藉此找出隨心所欲的生活方式。

我想向各位強調，「做自己所愛的事（同時兼具經濟效益）」的人容易受到世人關注，**但這不代表「沒有熱愛的事」及「此生都不做某件事」的人沒有自我**。

「活出自我」的意義，沒有現今社會說的那麼狹隘，應該是更加豁達大度，跟每個人都息息相關。

當聽到有人表示「做自己所愛的事活下去」時，我在深表認同的同時，內心卻也覺得這樣做實在很累人；將「沒有熱愛的事」的人，自動歸類成「沒有自我」的社會才令人心寒吧。

至於我是哪種人呢？

我不是「想為熱愛的事情而活」的類型，而是透過「決定此生都不要做某件事」的方式來奠定自我。

我決心不做的事，就是遵循某個陌生人基於某種時空背景和目的制訂的常識，像是規定大家每週的工作天數。反過來說，如果這套規定能夠獲得我的理解和認同，我就會乖乖照辦。

事實上，我們多半是靠「社會常識」來過濾篩選事物，鮮少依循「自己的感覺」做選擇。但我想說的是，請大家依循自己的感覺來做篩選，並逐步充實自己的世界。

用不亢不卑的態度，向社會大眾表達自己的不認同，對於被視為理所當然的生活方式與思想說「不」。

不過這件事情，不可能一開始就辦得到。

絕大多數人都會被外界灌輸各式各樣的觀念，像「父母這麼說」和「這是社會常識」等，所以必須先拋下這些蒙蔽我們雙眼的世俗觀念。

仔細想想，在展開窩居生活前，被我視為理所當然的世俗觀念，統統不是基於我的親身經驗，實際感受到「想做與否」、「快樂與否」、「有趣與否」後獲得的心得。

因此為了活出自我，我們必須先拿下世俗替我們戴上的有色濾鏡。

重拾「活出自我」的信心

讓人意外且遺憾的是，很多人被迫用負面偏見當作「活出自我」的出發點。特別是在童年時期的負面經歷導致的心理創傷，或是不至於造成心理創傷，卻對活出自我感到強烈焦慮的情況。

至於我的情況，則是「活出自我可能會挨揍」這種伴隨身體疼痛出現的強烈焦慮。

如果你的內心會對「活出自我」踩煞車，**那就得先解決引發焦慮的原因**。我認為焦慮的狀態，就是習慣懷抱著「負面偏見」來看待世界。

我在二十多歲透過窩居而活出自我，同時也將過去那段焦慮的記憶，改寫成「活得隨心所欲也不會被毆打」。

我在懵懂無知的童年時期，產生了「活出自我準沒好事」這種彷彿詛咒般的消極偏見，於是我從小處著手，重拾信心，最終才把自己內心扭曲的認知矯正過來。

儘管「活得隨心所欲絕對沒好事」的消極偏見尚未完全消失，但我卻靠著現在「做自己也沒被毆打」的累積經驗，大幅減弱了它對我的影響程度。

不只是童年陰影，職場上的權力騷擾也是同樣道理，日復一日地霸凌，就像看不見盡頭的風暴，摧毀著我們活出自我的動力儲存裝置，讓好不容易累積的動力一瀉千里。就算我們冒著風雨修理動力儲存裝置，然而當風暴一再破壞裝置後，我們會索性放棄修理。

即使風雨過後，我們也會先入為主地覺得「即使修好裝置，遲早還是會被破壞掉」，而且此刻的自己也沒了修理的力量，只好任由「活出自我的動力」流失殆盡。最後導致我們遲遲不肯踏出活出自我的那一步，真的很浪費時間……

舉例來說，每個人多少都有過「沒錢會不幸福」、「長得醜會不受歡迎」、「能力差會工作不順」的想法。但年幼的我們，並不會對自己感到焦慮，向我們灌輸這些觀念的，不正是家人跟學校嗎？

若你察覺到自己的負面偏見，首要之務就是踩煞車。告訴自己就算今天做不到，明天再挑戰看看就好。試看看阻止負面偏見會有什麼結果，用一派輕鬆的心態去做就好，得失心不要太重。

重點在於，靜靜等待暴風雨過去。

身處風暴中的你，就算想要「活出自我」，最終也會不敵風雨，搞得自己一蹶不振。

當你很幸運地熬到暴風雨暫歇的時候，趕緊逃往安全的地方避難吧。

還有，用不著一口氣推翻自己的負面偏見。因為這麼做容易引發內心的反彈，所以順其自然就好。畢竟負面偏見長年陪伴著我們，強行與它劃清界線，難免也會覺得心煩意亂。

無論是負面情緒或是任何事，「非自願捨棄」根本毫無意義。**唯有自發性的釋懷，學會放手才行得通**。

當我總算能說服自己這一陣子活得隨心所欲也沒挨揍時，才稍微鬆了一口氣。能發自內心這樣想真是太好了，雖然花了我不少時間，但還是鼓勵大家，從現在起開始活出自我吧。

迫使我們無法活出自我的壓力

但醜話說在前頭，迫使我們無法活出自我的壓力，儘管長大成人卻依然不會消失。

我童年時期的施壓者是「父母」和「同學」，年歲漸長後是「學校老師」和「可怕的學長」，長大成人後換成「公司」和「社會」，施壓者的角色始終有人接手。無論長到幾歲，他們都會帶給我們排山倒海的壓力。

然而，只要我們能重寫這份記憶，也會像愚公移山般地慢慢地改善，請各位放心。

施壓者的腦袋在想什麼

話雖如此，為什麼有群人非得扮演施壓者的角色呢？無論是父母、學校老師、恐怖的學長、社會和公司，統統都是人類。

難道人天生就喜歡妨礙他人自由地活出自我嗎？我希望答案是否定的。

面對這個疑問，我總會想起一件往事。

如前所述，國中時期的我被學長視為眼中釘，一直過著挨揍的生活。但同時我也覺得相當奇怪，那群人為什麼總是集體行動呢？

比起集體行動更愛獨處的我，無法理解他們這種行徑，總是同進同出的不會很麻煩嗎？

儘管已想不起前因後果，但在某天，我陷入了與流氓學長兩人獨處的局面。那是個寒冷的季節，地點位於某座矮山上，很像公園的場所。我被帶往杳無人煙的觀景臺，並且做好會被海扁一頓的覺悟。

到了山頂，學長卻遞給我罐裝熱咖啡和一支香菸，而且他還勾住我的肩膀，用手掌包住打火機為我擋風點菸。由於我壓根沒想到霸凌自己的學長會這樣做，一不小心還陷入了奇怪的小劇場：要是他進一步湊過來，對我壁咚怎麼辦？心臟也噗通狂跳起來，腦袋陷入一片混亂。

他為什麼不揍我？

感到不可思議的我偷瞄學長的臉，該怎麼說呢？雖然學長在集體行動時總是凶神惡煞，但如今卻彷彿相當放鬆，帶著如釋重負的表情。我隱約察覺自己看到不該看到的一幕，於是把視線移往一望無際的街景，不知所措地悶頭抽菸，打發時間。

當我日後再次遇見那位學長的時候，身處在團體中的他，果然跟其他人一樣帶著殺氣騰騰的表情，然後又揍了我一頓。這究竟是怎麼回事？……我完全搞不懂。

長大後回想起來，那群流氓很可能是受到「這樣做才能向團體證明自己的焦慮」驅使。他們怕被團體排擠，所以拼命擺出張牙舞爪的模樣，完美扮演團體要求自己的角色，必須不斷彰顯自己是團體的一份子。

有句令人討厭的諺語這麼說：「棒打出頭鳥」。也許對於這些被「趕出團體的焦慮」驅使的人而言，「非我族類，其心必異」的出頭鳥是眼中釘，彷彿光是存在，就足以威脅到自己相信的世界。

無論是霸凌者或是被霸凌者，都是面對焦慮便會出現條件反射的巴夫洛夫的狗吧。

即使問霸凌者：「你現在想揍我嗎？」他們八成也回答不出來。因為巴夫洛夫的狗早已失去了冷靜判斷的能力，釐不清自己的真實想法。

你能改變的只有自己

令人痛苦卻又無奈的事實是，你能改變的只有自己。面對迫使我們放棄活出自我的力量，即使我們設法想解決內心的創傷或陰影，卻依然對外界的人事物感到束手無策。

區區一個青少年，豈有能力阻止父母、手足、學校學長和老師在焦慮的驅使下，迫使自己放棄活出自我，或是成為「巴夫洛夫的狗」呢？

我想說的是，**會焦慮不是我的錯，至於其他人的焦慮，其實也不是他們的錯**。

逐步縮小生活圈

如前所述，東京的生活讓我痛苦到極為厭世，不想跟社會扯上關聯，所以二十五歲就搬到東京近郊的超廉價小公寓。我認為這是將自己至今擁有的一切全數捨棄的過程。

除了有形的事物，就連人際關係，還有對於生存之道的成見等無形事物，也統統被我拋到腦後。

搬家後，我選擇了最低限度的居住空間，相對來說房租銳減許多。我把手機解約，使得需要維繫的人際關係也大幅減少，連帶地也少了交際費，省下不少開支，也得以脫離斷斷續續、無法好好休息的打工地獄，告別充滿壓力的惡劣職場環境。

我不但放棄了居住在東京首都圈的嚮往，連外界擅自加諸在自己身上的常識都拋下了，像是「住在東京每月的生活費至少要十七萬元（約新臺幣三萬八千元）」。

親身實踐後，我才知道在東京生活的每月開銷原來七萬日幣（約新臺幣一萬五千元）就已足夠。搞不好從小在東京近郊區長大的人老早就知道了，但對於我這個外來的鄉下人，這件事卻帶給我極大的震撼。雖然很想以受害者的身分大聲抗議，但人云亦云的我多少也有責任，畢竟我在沒有親自驗證的情況下，被灌輸這個社會常識，而且還視為理所當然。

就結果來說，**我掌握了最低限度生活花費，從人際關係和既有常識當中重獲自由**。

這樣不是很棒嗎！！！

雖然縮小生活圈，難免會讓人覺得很不自由，但實際試過後，你會發覺這樣做並不會使你的生活圈流於狹隘及一成不變。

我們可以從「最低限度生活」中，分辨自己希望擴大或是縮小哪些部分。經過認真思考後，就能檢視自己需要付出多少勞力，還有投入多少心力在人際關係上，自認有做的價值就去做，不做也沒關係——這也意味著你可以自由決定任何事！

不只如此，用最低限度生活還能打造自己的專屬生活方式。

畢竟人生在世，總是免不了與各種生命體產生錯綜複雜的關係，因此人的生活圈越大，也越是身不由己。

例如，就算只是決定搬去市區近郊的廉價公寓，家庭成員和行李太多就會是一大問題；打入的社交圈和認識的人越多，告知搬家、後續聯絡跟各種手續也會變得繁瑣起來。

但過著最低限度的生活，無論是搬家還是辭職，對各方面的影響都很小。

所以想打造自己專屬的生活方式時，最輕鬆的做法就是「先把生活圈縮到最小」。

儘量保持中立

我曾經從書上讀到，當人深受「就是這樣我才會過得不順遂」的負面偏見影響時，只要遇到應驗負面偏見的事，腦內就會分泌產生快感的物質。

舉例來說，我媽的口頭禪就是「貧窮」，她動不動就把「我們家很窮沒辦法」或是「我們家很窮買不起」掛在嘴邊。但她每次說這些話時總顯得神采飛揚，使我感到不可思議。「貧窮」這個給人黯淡無光印象的字眼，與我媽的神采飛揚形成了強烈對比。

我想，肯定是因為自己的信念獲得佐證的感覺很棒吧。

這種現象不光是出現在懷有負面偏見的人身上，懷有正面偏見的人也一樣。雖然這種說法看似有點多餘，但在正面過頭的人身上也看得到這種神采飛揚。

「讀完積極正向的自我啟發暢銷書後，反而陷入沮喪」的經驗，大概有不少人都曾有過吧？

這是因為這類書像是在說一個人是否好運、成功或幸福與否，一切都操之在己，與生長環境、學歷和經濟層面無關。

然而事情真是如此嗎？

我想，提倡這種說法的人不但沒有惡意，反而是出於試圖激勵大家的理由。我也能理解大家想相信這種說法的心情，而且我覺得在某些社會立足點上，的確能夠成立。

只不過所謂社會的立足點也很嚴峻。因為我也親眼目睹過許多人連立足點都站不上去，甚至連站上立足點的機會都沒有。

即使最後成功抵達終點，但對於某些人來說，起初就得在不公平的世界中奮力戰鬥的事實，未免太讓人沮喪了。就算同時具備平等、自立自強、為自己負責的條件，但也有無論如何都束手無策的時候。

太過正面無法認清現況的人，與太過負面的人是一丘之貉。

無論是篤信人生會順利或不順利的人，到頭來都是沉浸自身偏見被驗證的快感中而已。

……不過，這番言論大概只是我剛愎自用的想法吧。

雖然很難百分百做到，但我仍期許自己能盡量站在中立的角度去觀察自己、他人與世界。所以無論是正面還是負面，過於偏頗造成認知扭曲，都會使我心生反感。

因此我會常常提醒自己，對於任何事都不要太過敏感。

別把什麼事都歸咎在自己身上

我提醒自己不要太過敏感的原因，除了希望能以中立的角度觀察世界，還有這樣做會活得比較輕鬆。

到了這個歲數，把所有遭遇統統歸因於自己，心情隨著經歷跌宕起伏，實在太累人了。我對於無論經歷是好是壞，都得做出反應這點，感到相當厭煩。

別把遭遇到的事情都歸因在自己身上後，久而久之就不會陷入自責中。所以就算我生在貧困家庭，還是國中被霸凌並不是我的錯；年紀輕輕就能過上週休五日的窩居生活，也不是因為我有多厲害。

對我而言，窩居生活是因緣際會下的結果，勉強為窩居生活找出意義，或是利用事物來驗證正面或是負面的偏見，都是對於現況的過份解讀。

所以我的結論是，自身際遇跟自己努力與否無關，只要放任它去，不隨之起舞，就不會感到沮喪。

這番言論絕不是什麼大道理，而是**因為這樣活得最輕鬆**。倒不如說，我在某種程度上是個怕麻煩的人。

如今的我，早已沒有那個精力去定義自己是正面還是負面，是陰沉男還是陽光男，以及勉強替人生增添色彩了。我不想批判這種做法是好是壞，只是覺得這樣很節省精力，也最符合自己的性格。

自負責任的平衡點

或許有些讀者會覺得前後矛盾，我明明聲稱「人生之舵操之在己」，卻又強調「別把事情歸咎在自己身上」，但在我心中兩者有前後順序，而且也有一致性。

先跟大家做個比喻吧。

人生像是汪洋大海，至於人類是航行的帆船，人生的目的就是從A港口抵達B港口。無論是啟航時的海況，還有船的性能、大小跟承載的貨物，抵達目的地的距離和地點，都因為帆船而有所不同。儘管這樣很不公平，但事實就是如此，所以不必把自己分配到的帆船好壞，歸咎在自己身上。

即使有了帆船，也不代表大家都會在同一時間啟程航向人生這片大海。有人擔心船體原本就有損傷，所以會先檢查和維修船隻。若是船真的壞了，還得看損壞程度，但無論是多麼穩定的天候、多麼高明的掌舵技巧，在抵達下個港口前難免會有突發狀況。

這就是先前「重拾活出自我的信心」一節想講的意思，我們得先把彷彿詛咒般的偏見（故障）修好，才能站上人生的出發點。

等到順利站上出發點，就換自己親手揚帆掌舵，也就是「為自己負責」的部分了。就算一路上都是順風，沒有掌舵手的努力和技術，依然很難順利抵達港口。

儘管萬事俱備，但還有像是波浪和天候等等不可控的因素，所以也難保證一定能平安抵達目的地，這就是「別把所有人生經歷歸咎在自己身上」。

如果碰到天候佳、順風順水的情況，用感恩的心接受這份幸運就好。千萬別得意忘形地放開掌舵的雙手。這種時刻更應該提高警覺，看清楚是否有隱藏的暗礁，不然很容易有危險。

另一方面，遭遇大浪或逆風導致船隻無法前進，也不是自己的問題，因此嫉妒其他順利出航的帆船，或是亂發脾氣根本毫無意義。

如果附近的船糧食耗盡，自己船上的糧食還很充裕，不妨對他人伸出援手。大家終究要各奔東西，因此離別時刻來臨時，就算寂寞也別挽留，為對方加油，祝他一路順風就好。

無論自己的船有多幸運，航程有多順遂，**也不要打著「為了別人好」的旗號催促別艘船上路，相處時應該給彼此多一些體諒的想像空間**。

航海的趣味之處在於航行過程。抵達目的地前，你可以悠哉地繞遠路，也可以走最有效率的捷徑，或是刻意行駛於激流區以磨練航行技術。每個人的獨特性都充分反映在選擇的航路上，而我也樂見世界上出現更多與眾不同且多樣化的航路。

因此，我認為「對自己的人生負責」和「別把錯都歸咎自己」的道理是並行不悖的。

從「自我」到「無我」

如果能夠看淡自己經歷的一切，放下因果決定論，你會發現凡事沒有所謂的最好和最壞，也會開始懶得去評判事物，變得隨遇而安。

久而久之，我們內心對事物的欲望和執念，也會自然而然地消失。最終達到無我的境界——應該說是「無所謂自己是誰」。

雖然我在本書的前半段一再強調自我的重要性，但讓人驚訝的是，當盡力活出自我後，最終都會回歸到無我的境界。

也許想達到無我的境界，免不了要經歷一段追尋自我，以及釐清想怎麼活下去的探究期吧。

仔細想想，大家呱呱落地時根本沒有自我可言，是被取名後，才有了「自我」的認知。也許年歲漸長的過程，也是再次拋棄別人加諸給自己的身分枷鎖，回歸無我存在的過程吧。

既然終究都要回歸無我，自我膨脹只會徒增日後的困擾，所以我想呼籲大家對「自我」斷捨離吧，視為是一種功成身退也行。

回歸無我後，你就能得到心靈的寧靜與安詳。

雖然人生難免會遇到風波，但是心如止水的你不會歸因於己，所以也不會怨天尤人。我不曉得這種狀態是否算世界大同，但活在平靜無波的世界，相當悠閒自適。

當你無欲時，也會無所求，不管是物質欲望、想去的地方、想見的人和想成為的自己，頓時都不重要了。

各位會覺得這種人生既空虛又毫無意義嗎？

無亦為有

如此清閒又美好的窩居生活，如今已邁入第五年。我很快就離開了出人頭地的道路，自發性的遁世離群。我早就沒了趁著年紀還輕，將來還要重出茅廬的念頭，反而是雀躍萬分地想要逐步封閉自己的世界。

多虧如此，我才能徹底擺脫那些成長過程中被加諸在自己身上，像地位、頭銜、財富、名聲、他人讚美等容易為世俗理解的「自我」。

假如「自我」太過強大，也代表它令人難以割捨吧？於是我告訴自己，自我並不存在，所以捨棄了也好，就當作是為死亡提早做好準備，做完這件事後就能夠安心離世了。

但這個話題還沒結束呢。

閒來無事的我，認真思索了一件無關緊要的事：既然人終究難逃一死，活著的意義又是什麼？

既然死亡後人就不存在了，那麼「活得如何」與「從未活過」又有什麼兩樣呢？儘管我把事情想得很簡單，但實際上真是如此嗎？

我希望各位讀者先別把「不存在」跟「虛無」劃上等號，試著以不同的觀點來看待這個問題。

「不存在」聽起來帶有負面的否定意味，但換成用英語表達，就會發生有趣的變化。

「There is nothing.」

令人跌破眼鏡的是，這句話在英語中其實是肯定句呢……

同理可證，「I have no money.」也是一樣。儘管使用了「have」這個單字，但意思卻是在說自己沒錢？外國人還真是樂天派。

這樣看來，各位不覺得「無」的狀態也包含「有」嗎？

由此可見，即使人類死亡後就會「不存在」，但人的一生會經歷很多事情。我們在生命匆匆幾十年，擁有許多經歷後，會漸漸回歸「無」的狀態。但從零開始的「無」與飽經世故後回歸的「無」可以混為一談嗎？

我不認為行至生命的盡頭後的「無」意味著「虛無」，因為這份「無」內其實包含了森羅萬象的人生軌跡。雖然人生在世難逃一死，但每個人在死亡前都會締造出各式各樣的人生軌跡，而且整個地球的人類都在這麼做。

試想逝去的先人、當今八十億的世界人口，以及那些一閃即逝的人，都會締造屬於自己的人生軌跡後，我才發現，原以為代表一切終結的死亡其實具有延續性，而且會代代傳承下去。

假如人死後就是一無所有，那麼松尾芭蕉*看到夏草茂盛的古城，也不會有感而發地說出「夏日草淒涼，勇士昔輝煌；一枕夢黃粱」的徘句。就算不是夏草茂盛的古城，望著城鎮和海洋時，遙想逝者流傳至今的「人生軌跡」也未必毫無意義吧？

死亡並不是結束。雖然只是我個人的觀點，想到活著這件事，可能遠比我想像中的還要多采多姿，我的內心不禁有點雀躍。既然橫豎都要死，別自暴自棄，試著去思考想活出什麼人生，也會改變自己面對生活的態度。

如果死亡並非結束，我會想活出怎麼樣的「人生軌跡」呢？

這時，某個朋友建議我：「閒來無事要不要打工？」畢竟此刻我早已沒了「自我」的包袱，所以決定乖乖地照做看看。

＊松尾芭蕉（一六四四－一六九四），日本德川時代的俳諧大師，有「俳聖」之譽，其《奧之細道》為日本文學史上重量級的紀行作品。

實用篇

如何客製化自己的世界：身分的使用說明書

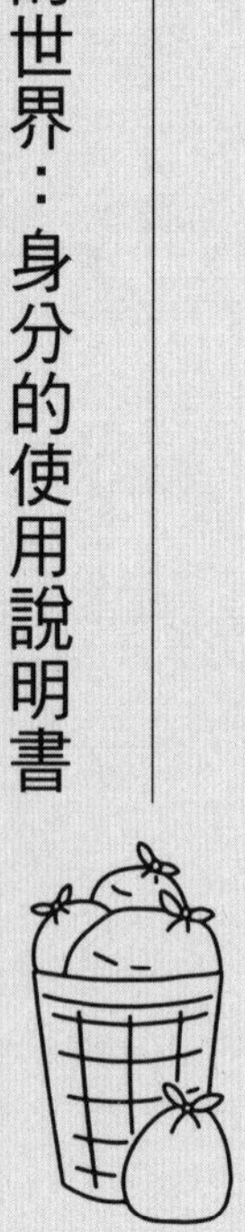

當你站上「活出自我」的起點時，根據經驗，有幾件事最好先知道。

首先是「身分認同」的陷阱。

人在活出自我時，有時會為自己的狀態下定義。以我為例就是「窩居」，向別人解釋時，它會是一個很方便的頭銜，所以我稱之為「身分認同」。

有個「頭銜」真是超方便。首先，它可以省去我向大家解釋和自我介紹的時間。我展開「週休五日及年收低於一百萬」的生活時，也曾有過被人問起「你做什麼工作」卻回答不出來的焦慮時期。

某次，我試著從既有的詞彙中，找出最符合現況的「窩居」一詞來解釋，雖然普遍得到「儘管沒聽過有人二十歲就窩居，但聽完明確定義後，好像真有這麼一回事」的反應，周圍人多半都能理解。對此感到慶幸的我，在那之後都會適時使用這個頭銜。

但我也在無意中發現，頭銜的用途其實也不在於方便他人理解自己。因為大家並不是想理解我，而是在替陌生事物「貼標籤」。人面對來歷不明的對象，便會急著想快速地為對方歸類。

起初我以為別人主動詢問我，是代表他對我感興趣，可是從大家得知答案後，也沒繼續追問下去的反應來看，是我誤會了。也許是出於人對陌生對象的好奇心，或是他們以為我有段黑暗的過往，但也有可能純粹是大家不想跟我扯上關係吧。

所以就算有了身分認同，也別妄想別人會因此理解自己。

如果基於這層認知反過來利用「身分認同」，真的會相當方便。因為我發現有些人背負身分認同，是渴望想盡快成為「自己心目中的理想人物」，特別是那是社會上蔚為風潮，或是人人稱羨的身分地位。極少數的情況下，有些人甚至會刻意為了迎合社會風潮，改變自己的思考方式和生活模式。

像我這種低消費、低勞動的「節能」生活，只有吹起「反奢侈」浪潮時才被羨慕過。也許稍不留神，我就會被視為「為小人物發聲」或是「體制革命者」的角色。若是因此得意忘形，開始自我膨脹就不太妙了。

另一方面，我也飽受像是「完全不會羨慕」和「你這樣的人生有什麼意思」的批評聲浪……

我覺得面對批評最輕鬆的應對之道，就是看過就算了。

我的窩居生活不是為了別人，而是因為自己喜歡，最重要的莫過於自己的想法。雖然從既有形式去找尋自己的生存之道也不失為一種選擇，但我並沒有理會流不流行或是落不落伍，只是淡淡地持續自己的做法，最後才驚覺自己已經處在窩居的狀態，所以這是自然產生的結果。

此外，我也會用慎重的態度去評斷他人的生活方式，因為無論評斷是

隨便你們
怎麼說……
完全不會
羨慕
這樣活著根本
沒意義！

褒是貶，都有可能會剝奪對方活出自我的權利。這種感覺就像是別人無禮地闖入我家，然後擅自用自己的方式整理我家，如果有人對我這樣做，我會很不高興。（雖然也是有對此樂得輕鬆的人啦……）

還有我希望大家明白，不管是自己、他人還是周遭環境都是瞬息萬變。自己的理想也會開始轉變，設定過的夢想和目標，都會跟著自己一起成長和變化，不可能始終如一，這是很健康的現象。

「身分認同」不是終身職，隨時都能改變宗旨。越是想改變長久持續的事物（像是思考模式、生活方式等），也越需要勇氣。畢竟自己已行之有年，早就培養起自信和執著，特別是對外界主張自己的思考模式和生活方式，更是需要莫大的勇氣。

「活出自我」並不代表自己會永遠一成不變，而是要鼓起勇氣接受彈性和變化。人通常會捨不得拋下自己長年累積的事物。若是過去自己設定的「身分認同」讓你感到痛苦，定期更新也是相當正面的選擇。

至於我自己的情況又是如何呢？

雖然我起初對外聲稱「窩居」，可是其他人紛紛對我貼上「窩居」的標籤時，我又會心生排斥地想著總有一天要扔掉這種身分，湧起反其道而行的念頭，也許是出於身分認同並不代表自我的緣故吧。但相對地，我也不會輕易陷入「身分認同」的陷阱中，就算改變了，周遭人頂多覺得：「怎麼與你之前講的不一樣而已」，**但是就算讓周遭人感到疑惑，也未必是件壞事**。

雖然看在旁人眼中很矛盾，但我覺得一路走來，始終忠於自我比什麼都重要。

實用篇

如何面對批評的聲音

準備告別焦慮的世界，活出自我的時候，你肯定會面臨內、外在的批評聲浪，也就是「人不能只顧著追求自己的幸福」以及「活在狹隘的世界真的好嗎？」等來自社會規範的聲音。

本性偏執多疑的我，聽到「社會規範」這種道貌岸然的詞彙時，第一反應就是懷疑跟警戒。但既然難得談到這個議題，我就稍微陪它過個招吧。

❶ 如何看待社會規範

維基百科對於「社會規範」的解釋是：

人們共同遵守道德、倫理、法律等社會規則的認知。

既然如此，我們應該要先做兩件事。

第一件事就是**去驗證社會規範的根本**，也就是「社會規則」。

社會規則是為了因應當時的社會標準制訂出來的產物。那個年代的人們遵守這份規範，日子才會好過，也能防止糾紛發生，因此它的好處也包括了維護公共利益。

然而隨著時代演進，社會也會不斷地變遷，新需求也因應而生，那些規則逐漸落伍了。強迫現代人去配合不合時宜的規範，反而會對生活造成困擾，相信大家或多或少都有這種經驗吧？

這種時候應該要以自身的現況為優先，當周圍人的食古不化使你疲憊不堪，趁自己還辦得到的時候以現況為優先吧。篤信自己可以放手去做，我想應該能大幅減輕內心的壓力。

至於第二件事就是**觀察提出異議的人，如果是來自你內在的聲音，那就觀察自己**。

他人的異議往往很容易察覺，因為聲音會傳入我們耳中。問題是我不想聽從別人的建議，我幾乎不太會搭理別人的建議，而且我的直覺也通常都是對的。至於不太聽從別人建議的原因，在於我會觀察提出異議的人。

首先，當我嗅到一絲對方操控他人的意圖時，內心就會升起強烈的突兀感，我會將這種感覺解釋成「披著社會規則外皮的個人見解」。

當進一步觀察後發現，對方似乎也沒有過著活出自我、心滿意足的生活後，我就會認定「傻瓜才會聽信那種人的意見」，然後選擇無視。

但我不會總是反駁他人的意見，如果是沒有利害關係且值得尊敬的對象所提出的異議，我會坦然接受。

例如，我十五歲時曾迷惘著是否要放棄升學去工作，現在來回顧我當時對於周遭人給予的意見有什麼反應吧。

- 導師：「如果你不喜歡唸書，不升學也沒關係。」
（看他那高高在上的模樣，還是別聽他的話，去升學吧。）
- 父母：「給我去念高中！」
（感覺他們是為了自己的面子才這麼說，還是別聽他們的話，去工作吧。）
- 朋友的媽媽：「……還是建議你去讀高中吧。」
（那我去念看看吧。）

我的反應怎麼會差這麼多呢？

其實，朋友家是拒絕上學以及有家歸不得的青少年們的避難所。在瞭解我在學校遭到霸凌且校方毫無作為時，率先接納我的也是這家人。

朋友的媽媽始終開朗地對待我們這群拒絕上學的學生，她對於大家都一視同仁，令人心生敬意，我的升學與否，跟她也沒有利害關係。因此，我覺得她的意見相當真誠，也能坦然地全盤接受。

於是我最後決定繼續升學。

雖然他人的話語會使我搖擺不定，我敢說自己絕對會誠實面對內心產生的突兀感，但旁人看到我天差地別的反應，八成會認為我是個中二病發作的臭小鬼吧。

人們溝通時，不只會解讀字面上的意思，同時也會去捕捉隱藏在言語背後的「想法」。所以當我遭到社會規範質疑時，內心出現的突兀感其來有自。人會自然而然地對於他人口是心非的話語敏銳地感到不對勁，所以大家不妨相信自己的直覺吧。

然而，自己內在的聲音，往往比他人的聲音更難理解。

但只要仔細觀察，你會發現內心的聲音，往往是由他人的想法內化並偽裝而成。大家最好回想一下，自己是否長期活在他人的否定和嚴詞批評中呢？自己是否把家規跟校規內化成自己的規矩呢？大家多多少少都會想到一些例子吧。

至於這個問題的解決方法，跟前面說的一樣。如果對方的話讓自己感到不舒服，於內心默默拒絕就好，即使有時因自卑和恐懼，委屈自己認同他人論調也沒關係。只要一點點持續累積「拒絕他人其實不會怎樣」的經驗，就能以此為契機逐漸重拾自信。

如果現在你的內心存在著「人不能只顧著追求自己的幸福」、「活在那麼狹隘的世界真的好嗎？」等迷惘，雖然大家都說要以內在的聲音為優先，但實際做起來不像說的那麼簡單，我們很容易屈服於社會規範，不去聽自己的真實心聲。為此，大家不妨參考我的做法，聽從自己尊敬對象說的意見那般，把自己也視為是「值得尊敬的人」吧。

請大家無時無刻都開啟「突兀感」的偵察雷達，若察覺到有人試圖假借社會規範來控制自己，請嚴加拒絕。除非是自己的選擇會對他人造成極大的傷害，否則請相信並認真看待自己的感覺。

如果情況沒那麼嚴重，但其他人還是為自己擔心，只要彼此能互相體諒，你的選擇和他人多餘的擔心日後將會達成共識，所以放心吧。

❷ 如何消除金錢的焦慮

談到降低經濟上的焦慮，大家先想到應該是儘量少花錢吧？生性節約的人應該會欣然接受這個做法。雖然我試過儘量不花錢，但卻活得相當痛苦。因為不花錢只能得到一時的安心感，長期秉持著「一毛都不能浪費」的想法生活，實在太辛苦了。這樣做的結果就是我受夠每天都圍繞著錢打轉的日子，逃往了近郊的廉價公寓。

當自己的經濟和精神層面都穩定下來後，我開始追溯這種緊繃感究竟從何而來。

仔細想想，那股緊繃感是我為支付住在東京二十三區的高額生活費，強迫自己每天日以繼夜工作時出現的。總之就是「為了自己不想要的東西，從事不喜歡的工作」的不滿，最後演變成「因為是強忍厭惡去上班賺到的錢，所以我一毛都不想浪費」的想法。

這麼說來，對金錢的不安並非始於花錢，而是賺錢吧？所以得設法改善賺錢方式，不然就算是花錢，負面情緒仍始終揮之不去……

由於我搬到廉價公寓後就不怎麼花錢，所以我打算花一個月測試自己連同房租在內，每個月究竟需要多少生活費。我知道在一般情況下，我的每月花費落在七萬（約新臺幣一・五萬元）左右，但我戒掉每月一次的溫泉旅行一日遊，還有偶爾外食的習慣後，最終花費約為六萬元（約新臺幣一・三萬元）。

在此粗略公布我的支出明細：

- 房租：兩萬八千元
- 管理費：一千五百元
- 水電網路費：一萬五千元
- 餐費：一萬元
- 其他（交通費、雜費等）：五千元

這個事實令我震驚不已，原來只要花這麼多錢就能生活了！如此一來，我也能由此反推出自己必要的工作量。

於是我成功減輕了自己的工作量，過起週休五日的生活。了解且掌握自己的必要開銷，有助於減輕自己對於金錢的焦慮，再也不用勉強自己工作，過著斤斤計較的日子。

從此以後，賺錢也從「雖然討厭但無可奈何」轉變成「這一切都是為了自己所愛的窩居生活」，有了建設性的意義。

至於這樣做有什麼好處，就是工作時的心情跟以往大不相同。

工作完畢後就能窩居的期待感，取代了討厭的工作時間，哪怕只有減少一秒，也對個人精神健康很有幫助。

不只如此，花錢的心境也會連帶產生變化。

以往去超市購物時，我總是無視他人的眼光錙銖必較，每次付房租時，也心不甘情不願地臭著臉匯款。

但當我在實行窩居生活後，**得知了自己的必要開銷，就能游刃有餘的花錢**，甚至可以對於花出去的錢笑著說再見。

比方說以往去超市，我只會想買最便宜的米，現在卻會開始思考：難得花錢，只有我受益未免太可惜了，有什麼能讓連同我在內的其他人也能受益的花錢方式呢？

最後我做出的結論是「想用消費支持能永續經營的農業生產方式，對於地球和農夫溫和無害的有機玄米，以及擁有這種願景的店鋪」。花錢之餘，我還能顧及花錢所帶來的後續效益。

人們常說購物很像投票，是種表達自己想支持何種商品和企業，以及對社會表達意見的一種形式。有了能為自己以外的事物花錢的自由，是心靈上的富足，而且用輕鬆愉快的心情去做的事，才會做得長久。

金錢的富足不僅限於存款有幾位數，而是取決於你用什麼樣的心態使用它。這也是我想提倡的金錢觀。

事實上，不只是花錢，還有賺錢、存錢、投資、接受和贈予……舉凡任何與金錢有關的行為，會讓你激起像是焦慮等負面情緒時，請檢視這份情緒究竟從何而來，然後一點一滴地消除它吧。

❸ 不要急著批判家人

我們對於親人的認知，是來自原生家庭，所以會以為每個家庭的情況都大同小異，但要想創造自己的世界，最好先認知到「家家有本難念的經」。

我家那本難念的經又是什麼呢？

小時候，我記得媽媽總是在發脾氣，如果說是為了睡過頭、忘東忘西等原因還算合理，但諸如像吃飯太慢、視力差、跟親戚玩以及說話方式，也都是她生氣的理由。

還有一次，她叫我去便利商店買衛生棉，年幼的我根本什麼也不懂，只好詢問超商店員，結果買回家後，她照樣對我發脾氣說：「你怎麼會買夜用的！」

就算日常談話談到一半，她也會突然開始發怒，讓人摸不著頭緒。

由於任何事都能成為她的爆發點，於是我忍不住想搶在她爆發前先安撫她：「先別生氣，妳聽我說。」但她聽到後又會爆怒：「你就是說這種話我才會生氣！」

（但我明明什麼都還沒說！）

我有時忍不住會想：「請問……我活著礙著妳了嗎？」

後來我才明白媽媽有酗酒的毛病。她通常都在喝醉時發脾氣，但由於她經常喝的酩酊大醉，所以我幾乎沒有看過她清醒的時刻。我以為這種情況很普通，就算長大成人後，我也不覺得這樣有什麼奇怪。

直到朋友來我家玩後，我才察覺到自己的媽媽似乎有點不對勁。當朋友對我說：「你媽喝醉了吧？」我才首度發現「原來不是每個人的媽媽都是這樣」這個衝擊性事實。

我察覺到自己家人不尋常時，才領悟到自己壓根無須忍受這些……。後來我辛苦存錢，二十一歲在國外獨自生活後，終於瞭解到不用跟酒鬼有瓜葛的生活，是件多麼快活的事！

離家獨居後，就能站在旁觀者的角度看待原生家庭。

久久回家一次也會重新發現有趣的現象，像是我打開廚房櫥櫃，傻眼地發現裡面清一色是冷飲杯、啤酒杯、威士忌杯和酒盅。從小在這種環境下成長的我，居然覺得這種情況很正常。

現在我已懂得分辨媽媽是否有喝醉，也清楚明白應對之道。她獨自小酌時很安靜，只要被打擾她就會發脾氣，所以她喝醉後，最好與她保持距離。就算她主動湊過來也不要理會，反正她隔天早上就會忘得一乾二淨。

如果有事找她，最好趁一大清早她還清醒的時候，只要她沒喝酒，就跟普通的歐巴桑沒什麼兩樣。

……糟糕，我居然花費這麼多篇幅才寫到這裡。

總之，如各位所見，我是在一個做任何事都會挨罵的家庭下長大，至今只要看到有人發脾氣，甚至是看到被發脾氣的人，都會使我膽戰心驚。當我明白別人家沒有酒鬼媽媽時，雖然感到火冒三丈，但轉念一想，就讓她喝個痛快，照她希望的方式過完這一生吧，這種想法使我頓時釋懷許多。

我們對親人的評價會隨著時間而改變，所以我認為幾十年都沒跟家人見面也無所謂，而且也不用急著對親人下定義。

雖然親人是我們最親近的人，但終究是獨立的個體，只是因緣巧合下有血緣關係就非得愛對方不可，未免太痛苦了。就算無法愛家人，頂多成為幾十年來無法愛家人的家庭而已。

雖然這種情況可能有別於世俗眼中的正常家庭，但只要告訴自己，我們就是以這種方式來組織家庭就好。

如果希望自己對家人產生正面觀感，就別管他人怎麼想，**先搬出去過著愉快的獨立生活吧**。如果搬出去住真的有困難，慢慢增加自己可以獨自完成的事也是不錯的做法。

我想，天下的父母都樂見小孩具備獨立思考及自食其力的能力，並且過著安分守己的充實人生吧？除非是討厭孩子的父母，不然他們肯定都希望孩子有朝一日能步上這種人生。

因此，我們的首要之務是把自己的生活給打理好。一旦有了餘裕後，我們所能做的，也只有期盼父母今後也能活出專屬他們的人生而已。

❹人際關係斷捨離、找到我的舞臺

奧地利精神病學家和心理學家阿爾弗雷德・阿德勒（Alfred Adler）說過：「所有煩惱都是人際關係的煩惱。」若所言屬實，那麼不太與人來往窩居的我，應該沒什麼煩惱吧。

實際上，獨處的時間的確使我有種從煩惱中解放出來的感覺。

窩居前的我也曾為人際關係所苦。現在回想起來，出現人際關係的煩惱時，只要試著仔細觀察煩惱和周圍環境，就會發現其中隱藏著很多線索。

例如，先試著找尋「**人際關係不順遂的黃金律**」後，就會發現耐人尋味的事實。我的意思是，只要從過去的經驗抽絲剝繭，你會察覺每次產生問題的人、場所、形式和情況……其實都具備某種共通點。

以我自己當例子。我打從以前開始，只要待在團體中，往往會成為該團體中地位略高者極度厭惡的對象，因此我只要遇到那種人，就會產生不好的預感。

所謂的「地位略高者」，有時單純是年齡、職位，有時則是同齡團體內位階略高的人。我總是會被那類人視為眼中釘，讀書時是大我一屆的流氓學長；步入社會後則是副店長和直屬主管；至於在同齡團體中，就好比置身在女生的小團體，會漸漸地被欺負、毆打、怒罵、無視和嫌棄。

所以我過去的人際關係煩惱，就是「為什麼我明明沒有惡意，卻會遭受這種對待」。

若這種情況只發生一兩次，我還不會放在心上，但每次都被相同類型的人厭惡，很難讓人不在意，其中究竟有何玄機？問題肯定出在自己身上。

我認真思考後，得出的結論是因為自己很不會察言觀色，經常破壞團體和諧的緣故。面臨這種情況，必須加以斥責和仲介協調的人，往往都是「地位略高的人」。

回想起來，我在校不愛穿制服，老穿體育服，只有像是畢業典禮等特殊場合才會換上制服，每年根本穿不到幾次。在學生會長和班導師眼中，只要我在場，就會破壞大家穿制服的團體感，所以才會對我的觀感不佳吧。

儘管他們明白我無意惹是生非，單純只是不愛穿制服，卻很難視而不見。最後我被學長們盯上後施暴，所以開始逃學。

現在想想，也許少了我，會讓周遭人感到輕鬆許多，用負面點的說法是最好完全消失。當時的我做出逃學的決定，來換取所有人的和平真是太好了。我至今仍真心如此認為。

此外，我過去在便利商店打工時也是，公司有條「員工必須在中元節和年終時訂購禮盒」的潛規則。儘管他們吩咐我必須回報自己買了多少禮盒，但我一口回絕說自己不需要，而且一次也沒買過。

至於另一間便利商店，則是有條「自己負責銷售的商品如果賣不出去，就得自掏腰包買單」的不成文規定，但我同樣無法理解為什麼兼職員工必須承擔這個責任，所以選擇無視。

很可能我當初不肯自掏腰包的部分，就是由「地位略高的人」替我收爛攤子，因此無意中被人看不順眼。

除此之外，我也會試著去找出能夠避免產生人際問題的模式。

首要之務就是對「地位略高者」敬而遠之。在學校時，同年級的學生、大自己兩屆以上的學長多半對我很友善。至於職場方面，比副店長更高階的主管、兼職阿姨這類型的人們也都對我很好，至於年紀比我小的人跟我相處可能是顧慮到輩份，所以無從判斷。

此外，如果是跟自己不同團體的人，就算對方的地位略高於我，也未必會討厭我，或是產生負面觀感。

至於能從人際關係不順遂的鐵律汲取到什麼樣的教訓，也是因人而異。

我學到的教訓是**自己的舞臺不屬於那裡**。

其實根據過往的經驗，我隱約發現自己從事能獨立作業的事情時，似乎較能獲得別人的激賞。

例如在學校的體育課參加團體競賽項目時，我完全就是隊伍中的老鼠屎，但我反而會在像是賽跑、跳遠等個人競賽的項目脫穎而出，甚至還被老師要求過在全班同學面前示範跨欄跑的起跳姿勢。

工作方面，比起從事得配合周遭人步調的產線作業，自行斟酌工作內容，鼓勵獨立作業的職場環境，較能讓我獲得周遭人的賞識，我也能產生自己有派上用場的充實感。

而且一旦被嫌棄，就會激起我的反骨精神，若此時「地位略高的人」是濫好人，我的存在勢必會給他帶來困擾。連我都不禁覺得，果然我只要待在團體內就會給別人添麻煩呢。

所以到頭來，我也很自然興起「成為獨立工作者」的想法，獨立工作者不用團隊合作、不用跟很多人打交道，事實證明我想的也沒錯。「人際關係不順的黃金律」中包含了許多重大線索，使我及早發現這點，並在二十歲後半段順利步上窩居生活。

如果我能在團體生活中如魚得水，很可能就不會興起當獨行俠的念頭，反而會選擇在職場中當個八面玲瓏、交遊廣闊的人，同時見縫插針地找機會實現自我吧。

總之，當不順遂的情況一而再、再而三地發生時，**線索肯定藏在過往經驗之中**。

不過在極少數的情況下，我遇過與自己那套黃金規律無關，卻依然相處不融洽的對象，而且彼此間根本不存在利害關係。

即使我試著抽絲剝繭地去尋找原因，卻依然找不出任何線索和資訊，完全毫無所獲。

那位對象是我在打工時期遇到的人。

雖然職場整體來說沒有問題，工作起來也很愉快，但那位職員卻老是喜歡對我吹毛求疵，動不動就斥責我。

若是我有犯錯還能理解，但像是在公司內喝水、分配工作等小事也會被罵，我根本搞不清楚自己錯在哪裡。公司明明還有很多其他職員，就算其他打工的同事做出相同的事，也不至於會像我一樣被理所當然地責罵，更精確地說，根本沒人會管這麼多。

難道那個人在監視我嗎？只要他叫我過去，我就會感覺呼吸困難、驚慌失措起來，而他很自然地被我視為壞心腸的討厭鬼，只要我的排班時段剛好與他的上班時段重疊，當天心情就會很鬱卒。

假設他就是很愛欺負下屬的人，我只是偶然成為他的目標，儘管這種行為很可惡，但我好歹能搞懂其中的原因，但情況又不是如此。因為我向其他打工的同事打聽他的風評，他們卻異口同聲的表示那位職員人很好。

不只如此，我也不認為他討厭我的原因，是想拿我殺雞儆猴來維持團體秩序，或是我破壞了團體和諧。說到底，他為什麼要厭惡我到這種地步呢？難得來到了順風順水的職場，眼前卻突然出現一個天坑，不但難以釐清前因後果，甚至毫無線索。

某天，我結束了莫名挨罵的一天準備回家時，居然在車站遇見那位職員正在等電車。此刻他的面容看起來並不像壞心腸的討厭鬼，是其他同事口中那位普通的好好先生。

當時的我反射性地躲了起來。

要是他沒遇見我，就不必化身為壞心腸的超級討厭鬼，頂著那張好好先生的面目生活吧。

嗯，這不是任何人的錯，人與人之間存在著契合度，有些人會莫名地勾起自己的暴力跟虐待傾向，使自己化身為壞心腸的人吧。我只不過是偶然成為他眼中那位一舉手一投足都會激發內心焦躁，甚至厭煩到會緊迫盯人的對象而已。

其實我也有過類似經驗。在學校和職場上，我也曾在沒有正當理由的情況下，對某人升起一股無名火。儘管他不是人人討厭的對象，可我偏偏看他特別不順眼。我壓根不想為那傢伙浪費任何時間跟勞力，也會忍不住留意他的一舉一動。

由於那個人恰巧與我同歲，即使在同個圈子內也相安無事，但若是我的地位略高於他，也難保自己不會沒來由地欺負他，畢竟人類也不是什麼美好的生物。

有感於這種心態對於快樂生活至關重要，所以我今後也想繼續探討這一塊，但以我目前的觀察得到的推論，黑粉、職場霸凌、跟蹤狂、家庭暴力等行徑，多半都是這種心態演變而來。

不是只有特定人士才會做出以上行徑，每個人心中都有這種壞心腸的火種，而且世上也存在著能點燃這顆火種的對象和狀況，當地位不平等和缺乏自律心等條件齊全了，任何人都有可能成為被害者或加害者。但重要的是，我們該如何面對這種情況。

回想起來，也許那傢伙是在對我職場霸凌。若是真的，我絕對饒不了他，換做是現在更懂得守護自己的我，甚至會想去向更高層的長官或勞工局檢舉他吧。

然而每當我想以「職場霸凌」和「維護個人尊嚴」總結此事時，卻始終有點牽強，使我感到心煩意亂也耿耿於懷。因為就我的觀察，他實在不像只要沒人檢舉，就會接二連三出現受害者，那種腦袋很有問題的濫用職權主管。

如果我很重視那份工作或是團隊，或是能實現我長年的夢想，那我會設法找出妥協方法，致力改善這種情況。然而我只是去打工的，並沒有特殊執著，即使離職還有很多其他工作在等著我。

另一方面，那位職員通過的考核和公司培訓遠非我所能比擬，在公司的地位也大不相同。同樣是選擇離職，他的損失一定比我慘重。

奇怪的是，當我做出「天生合不來」的結論並且釋懷後，內心也對他多了份諒解。大家都沒有錯，湊巧合不來而已。也許在這種時候，地位高的人更難受呢。明明跟下屬合不來，自己卻無法輕易離職，卻又克制不了自己成為壞心眼的討厭鬼。

反過來說，地位較低的我，才能免於成為壞心眼的討厭鬼。這樣想的話，內心也意外地感到自由快活。

因為我隨時都能結束這種狀況。是要點燃還是延續他那股無法克制的無名火，全都操之在我。既然如此，就讓我來結束這一切，放彼此自由吧。

自從我決定離職後，甚至還有祝福他的器量，最後一個月不知為何，那個人漸漸不太亂罵我了。

我絲毫不打算容忍職場霸凌，也許依時間和情況的不同，答案也不見得相同，但我能接受這種結果。

所以人際關係的煩惱分為兩種，一種是能從中學到教訓的情況，另一種則是毫無道理，純粹天生合不來的情況。

只要用心觀察，看清楚狀況做出判斷，就能減少不必要耗費的時間和心力。

❺ 對死亡的焦慮

儘管絕大多數的焦慮都是來自於外界，但有種焦慮無法歸咎於他人，那就是「死亡」。對生病和衰老的焦慮，說到底也是源自對於死亡的不安，都隸屬於同一塊。

我是在幼稚園時，明白到人終究難逃一死，還曾經因為不曉得死掉會怎樣，害怕到晚上睡不著覺呢。

死亡會讓人感到痛苦跟難受吧？那超怕痛的我死掉究竟會去哪裡呢？

再說了，人橫豎難逃一死，我們是為了什麼而出生跟活著呢？實在讓人搞不懂又怕到不行！

當真有人能擺脫這種焦慮嗎？

人往往會對不了解、看不見和未知的事物感到恐懼和焦躁。除了死亡以外，人遇到未知事物陷入恐慌時，只要查閱書籍或網路、親自接觸和增廣見聞後，就能舒緩內心的焦慮。

然而，在死亡這件事上卻無法如此，因為人無法經歷死亡。與其說是無法經歷，不如說經歷過後人就不在了。

死亡究竟是什麼呢？

為了對死亡有更進一步的了解，於是我閱讀了講述瀕死經驗的書籍。雖然每個案例都很耐人尋味，但認真說起來，究竟什麼程度才算是死亡？所謂的死而復生，不就代表沒死成嗎？這樣真的算是「瀕死」嗎？可信度終究還是模稜兩可。

所以我也不敢說自己對於死亡不會感到焦慮。

但是相較於小時候，我對於死亡的焦慮和恐懼減輕許多，甚至還萌生了鑽研的興趣。當我對生死有了一套獨到的見解後，甚至還從中衍生出一絲好感。雖然這種感覺很難用言語形容，但是「死亡」二字卻會帶給我一種雀躍期待的感受。

這並不代表我想自殺，或是想被捲入意外事故跟事件之中，應該說像是一種對於未知國度的憧憬吧。

由於我們活得太理所當然，才會陷入當局者迷的情況。其實世界上每個人隨時都有可能會死。

所以我們不用刻意避諱死亡，因為死亡也是生命的一部分。人生在世就是一步步邁向死亡，也是無可避免得親自面對的問題。若是這樣，各位認為哪些事情該做，又有哪些不該做呢？

既然生命有限，你還會想答應不想去卻拒絕不了的邀約，或是退休後才去實現自己當年的夢想嗎？

看，這份侷限是否為你帶來了另一種雀躍期待的感受呢？

儘管人類畢竟是群居動物。有趣的是，每個人向社會妥協的部分以及處世之道，也會體現出各自的性格和獨特性。

如果大家把每一天都當成最後一天在過，向公司遞出辭呈，甚至立刻開始著手進行……那我想大家就沒有任何煩惱了，但這個社會想必也會開始瓦解了吧。

我進一步思考，只要每個人想要活出自我，就無法存續的社會，究竟是為了誰而存在呢？社會是人集結而成的，所以理應順應人類的變化，不是嗎？

若是「生」伴隨著「死」，那麼對於「死」感興趣，就等同對「生」感興趣。一味地對「死」感到恐懼、厭惡、敬而遠之和視而不見，也可以說對

「生」也採取了相同的態度。

所以死亡也是生命的一部分，不肯深入思考死亡，或是與朋友和家人討論太可惜了。我希望大家能踴躍探討生死，並從中獲得愉快的體驗。

實際上，越是深入探討死亡，越能減輕對死亡的焦慮。對於死亡有了體悟後，就懂得去分辨死亡的世俗定義及瀕死經驗的真實程度，還有識破人們出於恐懼對於死亡的加油添醋。

「人終究難逃一死」的無奈事實像個綁架犯，千方百計地讓我們產生焦慮、著急、恐懼，並巧妙地操控人心，迫使大家放棄活出自我。但只要參透生死，我們就能對這個綁架犯說「不」。同時，我們也會對這個綁架犯萌生反叛之心，內心興起開心快樂且毫不後悔地過好每一天的念頭，甚至覺得「就算今晚就死了也無妨」。

進一步來說，想妨礙我們活出自我的「綁架犯」，也很擔心沒有我們它會活不下去，因此會拼命阻止我們脫離他的掌控。

但我認為它的焦慮，肯定也只是自己的憑空想像。

至於那位「綁架犯」究竟是何方神聖呢？

由於它行事謹慎又善於躲藏，老實說我也不清楚，但我希望自己有朝一日能查明它的真面目，然後拍拍肩膀對它說：「不用焦慮，放心吧。」

臺灣窩居生活

食

我在東京時，每天都會用租屋處附設的小廚房簡單自炊，但臺灣外食文化盛行，而且我住在房租便宜的學區，因此公寓自然沒有附設廚房。

很多人都說臺灣的外食很便宜，實際上確實比東京便宜，有時甚至比自炊還便宜。

開在我家附近，我經常去買的素食店便當才臺幣五十元（若是在臺北市中心，價格會更貴）。雖然餐費比東京便宜，但一日三餐的花費也會超過臺幣一百元。

我住在東京時，每天都吃相同菜色（糙米、味噌湯和醃漬品），所以能把每日餐費控制在三百元（約新臺幣六十六元）內。由於我的飲食生活形同出家人，若是自炊，我有信心把餐費控制得比外食還低。而且學區的餐飲店雖然便宜，但菜色還是以肉類、油脂和碳水化合物居多，蔬菜少得可憐……對於年紀已屆三字頭大叔的腸胃來說，有點吃不消。

所以我決定盡量在家做飯，但我會挑季節自炊。由於夏天炎熱到無法待在屋內，冬天會想吃熱騰騰的料理，所以我索性都不做飯，只有春秋兩季才會時常在家自理三餐。

臺灣的熱帶水果很好吃，我會以水果和優格當早餐。中午吃沙拉，晚上則用麵包夾蔬菜做成三明治。食材主要購自週末的有機市場，雖然費用偏高，但還是能設法把每日餐費控制在臺幣一百元左右。

對於獨居的海外人士來說，健康比什麼都重要。這是我基於飲食安全和自身環境的考量下，所想出來的最佳做法。

因此，雖然身處外食天堂的臺灣，但我基本上還是自炊，偶爾才會心不甘情不願地去外食，去體驗臺灣人對窩居者很友善的外食哲學——便宜好吃才是王道。

就連在地臺灣人，也鮮少會去那間超有名的鼎泰豐小籠包店用餐，因為鼎泰豐附近的小吃攤口味就很不錯了。

舉更淺顯易懂的例子，只要打開《米其林指南（臺北二〇一九年版）》，在有名的士林夜市裡也有「好朋友涼麵」、「鍾家原上海生煎包」、「海友十全排骨」等榮登必比登（Bib Gourmand）*推介名單的店。換做是其他都市，尋常老百姓不見得每天都吃得起必比登推介的店家，可是臺灣卻不一樣，「鍾家原上海生煎包」一顆生煎包才十四元呢！

我想住在臺灣的幸福，就是尋常老百姓隨時就能用小錢吃到米其林等級的美食吧！

＊被譽為平價版的美食指南，入選店家均提供「物有所值」的美食。在臺北表示客人能以臺幣一千元以下的價位，吃到有水準的三道菜。（東京是日幣五千元內、美國為美金四十元內。）

CHAPTER 4

再次跟世界產生連結

這個世界變得不一樣了

自從開始窩居生活後，我就極力縮小自己的開銷還有社交，只接維持最低限度生活的工作。這種生活方式的特徵，就是每天都過得平淡無奇。

話雖如此，我的生活卻一點一滴地起了變化。我每年會承接數個一次性工作，像是在咖啡廳和畫廊彈鋼琴、擔任鋼琴老師、園藝工作和雜誌寫手等。還好我當時已經能夠隨時賺到足夠維持自己最低限度生活的酬勞，所以不需要勉強自己承接更多的工作。

但我工作也不全然是出於金錢考量，若是遇到有趣、愉快或是似乎能夠勝任的工作，我也有承接的意願。不喜歡與非特定多數陌生人溝通的我，對接待類的工作敬謝不敏，但其他類型的工作只要看對眼，我也會欣然接受。

其中某些工作的謝禮也未必是金錢，而是委託我工作的好友的個人專長，像是手路菜或是占卜等，但由於我不是為了賺錢去做，所以沒什麼大問題，而且愉快的體驗和成就感也是另一種形式的報酬。

勝任的定義，指的是**能比別人更輕鬆完成某件事**。我能不間斷地演奏鋼琴，彈奏的水準好比畫廊播放的背景音樂。寫作也是一樣。就算接到急件必須兩、三天無法外出在家趕工，但我本來就喜歡窩在家裡，所以根本不成問題。

某次有人對我說：「你能一整天都窩在家埋頭寫作真厲害。」

我還驚訝地反問他：「其他人辦不到嗎？」

相反來說，讓我討厭到不惜花錢請人代勞的事，搞不好在他人眼中根本是小事一樁，甚至成為別人的工作。與其逼迫無法勝任的人去做，讓能夠勝任的人去做，對於各方面來說負擔較少，大家也樂得輕鬆……這樣不是很棒嗎？

不知為何，當我變得久久才出門一次後，覺得映入眼簾的世界，似乎也逐漸變得跟我記憶中的不同了。

就算有工作主動找上門，我也會拒絕不想做的工作，只挑選喜歡、辦得到和擅長的工作去做，但我卻沒有因此遭到斥責或是被擺臉色。

過去只要我這樣做，在學校就會被警告、人身安全受到威脅、被同學排擠，搞不好還會被拳打腳踢……我曾一度想過，這真的是過去讓我痛苦不已的同一個世界嗎？難道在我窩居的期間，世界改變了嗎？

這真的是當初那個我必須忍耐去做自己討厭事情的世界嗎？

假如這個世界一點都沒變，單純是我認知扭曲的話，那我又是在何時扭曲的呢？

過去的我認為每個人終究難逃被比較和批評的命運，而且自己也對於這種奇怪的現象無能為力。這個世界會讓人身心緊繃和陷入焦慮，也許是家庭和學校等後天環境給了我這樣的印象。

當然，我現在已長大成人，賺取必要生活費時，會懂得將個人好惡與工作分開，再厲害的強項若是別人不需要，也是英雄無用武之地。若是只做最低限度該做的事，也許會讓人能毫不畏懼地自由去做想做的事。

既然能自由去做想做的事，那麼利用閒暇時間從事的業餘活動，不見得非得要賺錢，能否用來謀生其實也無關緊要。**邁向遼闊世界的人未必偉大，窩在小世界也未必沒用**。

當你心甘情願開啟這扇通往外界的大門時，世界隨時準備好迎接你；當你感到厭煩時，隨時都能回到專屬自己的小世界。

原來迫使我放棄活出自我的記憶蒙蔽了我的雙眼，與其說是世界變了，不如說世界本來就充滿自由。

自由反過來寫是「由自（己）」，換言之是由自己做主。

我曾想過，只要把自己封閉起來，就不用面對活得隨心所欲就會被責罵，毫無自由可言的愚蠢世界，可我錯了。世界沒有好壞之分，全看自己怎麼想，不是嗎？

若是我依然過著與外界斷絕聯繫的窩居生活，很可能終其一生都不會對這個世界改觀。

所以，現在的我衷心認為與社會保持或多或少的接觸也不錯。

重新想跟世界產生連結

離開社會一段時間，再次偶然接觸社會後，對於在外面世界違背本心的言行舉止，也會變得格外敏感起來。

舉例來說，我很少會覺得人類的小嬰兒可愛。與其說連頭都抬不起來的小嬰兒可愛，對我而言更像是「這是什麼生物？」感覺有點恐怖。但其他人都覺得可愛，就代表這是事實吧？儘管我試著連聲附和，但我想當時的表情肯定很僵硬。

遇到自己覺得不好笑，但是別人覺得好笑的話題，我也會覺得：「咦？難道是不覺得好笑的我很奇怪嗎？」雖然會試著擠出笑容，卻暗暗覺得自己真是膚淺。

現在連過去認為無傷大雅的事情，也會讓我隱約感到不悅或是渾身不對勁，無法接受自己或是周遭人用違心言行把場面敷衍過去。看在旁人眼中，只會認為「窩居生活會使人變得不懂人情世故」，但我認為沒這麼簡單。

確實我過起窩居生活後，接觸人的機會就銳減，但是不跟人打交道也代表「少了許多言行不一的機會」。獨自一人時，即使看見可愛的事物也不會直接說出口。畢竟自顧自地為了不好笑的事情笑也很詭異吧……

少了那種機會後，就會逐漸回歸真我，行為與思想也會趨於一致。這麼一來，人前人後的心理落差也會變小。因此在久久外出與人見面時，對於虛假自我冒出來的瞬間就會變得敏感。觀察後就會明白，原來人不只會違背本心，還會不斷表現在其言行舉止上，真是耐人尋味。

也許人在獨處時，最接近不用曲意逢迎他人的童年時期吧。當人反璞歸真後，可能就能重溫起那段不必做出違心言行的幼年自我。

至於做出違心言行舉止有什麼壞處呢？就是你的**一言一行會在轉眼間失去力量**。

始終以周圍想法為優先，或是總在焦慮的驅使下曲意逢迎大家的人，其實很缺乏說服力。日子久了，大家也不會太重視你的意見，這樣一來，當你想採取某些行動時，可想而知也沒人會願意幫忙。因為曲意逢迎，形同自發性地帶頭貶低自己言行舉止的價值。所謂的「巧言令色，鮮矣仁」正是如此。

自發性地貶低自己的言行舉止，跟無法融入周遭環境比起來，何者可怕？我覺得其實都一樣可怕。

事實上，我認為「與眾不同」就會反射性地感到焦慮，是組成社會的人類才有的特質，而且也是無可奈何的部分。

打從農耕時代以來，人類就是成群結隊才能生存的群居動物。我們的基因早已形成集團導向，所以迎合大眾也算是一種生存策略，我也明白這一點。但那是遠古時代的生存模式。

到了農業進步提高生產量、交通和資訊產業很發達的現代，即使不像古代人過著群居種田的團體生活，社會也能成立。

說到團體，我認為新冠肺炎疫情提供了全人類一個有趣的可能性。疫情的確給全人類帶來莫大的衝擊，但我們先不談這個，只談後疫情時代提倡的「遠端工作」。

一旦遠端工作後，大家就不用出門上班，可以在家工作。這也代表大家在始料未及的情況下，被迫失去了「曲意逢迎他人的機會」。即使不用每天去上班，很多工作還是能夠照常運行。

大家明白這一點後，就不必整天成群結隊行動了。（這樣看來，難道我們其實是基於惰性才會組成團體？）

話雖如此，我也不認為人類能突然只憑一己之力活下去。人類組成集團並非是基於惰性，而是為了滿足現代社會的需求，跳脫這種情況時，就會傾向獨自行動。這樣一來，因惰性（迫使他人曲意奉承）成立的集團多半會被自然而然地淘汰，這種現象是再好不過。

至於養成言行一致習慣，也就是言行舉止充滿力量的人們再次集結起來，究竟會發生什麼效應呢？我不禁有點期待。

爲言行蓄積力量

如果想替自己的一言一行蓄積力量，可以先從這件事開始做起——那就是不要敷衍的贊同別人的話。

因為我覺得在這個世道裡，「敷衍的贊同」實在太過氾濫。

太多人喜歡濫用字面上看來美好，實際卻像「交通安全，你我有責」和

「打擊犯罪，人人有責」等政令宣導般無法打動人心的話語。說話者沒有認真思考，或是沒搞清楚真正含意就講出來，所以編織冠冕堂皇的話語其實超簡單，把看來美好的詞語隨便拼湊起來就完成了。

至於「看似美好」的定義是什麼？就是不管在何時何地或是對任何對象說出後，大家都會點頭稱是、實則空泛的曖昧話語，例如「珍惜羈絆」、「振興日本」等。

其實這種話語並沒有錯，應該說是表達方式出了問題吧，說話者必須留意自己是否擁有足以匹配話語的力量，所以在贊同他人前，不妨先搞清楚話語中的真正含意。

如果人人都沒做多想就贊同這些空泛的話語，久了以後會怎麼樣呢？大家會漸漸認同這種話術，造成華而不實的話語在世間氾濫成災。接著大家話語的核心價值就會傳達不出去，導致話語會逐漸失去力量。

但只要養成不做出違心言行舉止的習慣，就不會被這種話術哄騙。所以先思考再贊同，能防止言語流於形式，也會為自己的言行蓄積力量。

各位是否覺得這樣做很麻煩呢？

醜話說在前頭，這種行徑很容易被人嫌棄不懂察言觀色，朋友也會變少——我是說真的，並沒有在跟大家開玩笑。

不過「朋友」這個詞彙，最好也是先思考後再使用。

自己究竟認同什麼，對於朋友的定義是什麼呢？請大家透過諸如此類的疑問和異樣感，藉機透過親身感受和個人見解，重新定義那些過往被世俗灌輸，卻又缺乏真實感的曖昧話語。

此外，要說話前先慎重斟酌自己現在發言的動機，還有使用的遣詞是什麼。多加練習之後，你會發現自己的談吐會變得精煉，語言表達能力也會越來越強。

可能有人會說，沒做多想就認同他人其實也沒什麼大不了，但我認為如果放任不管，最終將會導致這種結果：一旦我們的言語失去力量，說出去的話不僅無法打動人心和說服他人，就連向外界傳達不合理的事都做不到。對於想煽動社會某些議題的有心人士來說，這種現象是再方便不過了。

所以在此呼籲大家，別想都沒想就輕易認同他人，或是與人稱兄道弟。只要從小處做起，為自己的言行蓄積力量，就能打造專屬自己的世界。如果做不到，至少也別無視自己內心當下出現的突兀感，就算一時之間說不出個所以然，只要絞盡腦汁去思考，它應該會在某天指引你踏上活出自我的道路。

世界有多大，由自己決定

我認為「世界」分成兩種，一種是我們無動於衷賴以生存的全世界，由於規模大小無法自行決定，就姑且稱之「客觀世界」吧。

另一種有時也被稱為是「個人天地」或「兩人世界」。此時世界的定義為自行認知的範圍，也就是「主觀世界」。

好消息是，你可以隨心所欲地決定「主觀世界」的範圍。

我在東京過著窩居生活時，完全切斷了與外界的聯繫，所以我的「主觀世界」變得超級小。看在旁人眼中，也許會覺得我的人生態度很消極，但是在窩居者眼中，則是呈現另一種風景。

對我來說，每週只工作兩天，只跟真正親密的朋友保持聯繫的生活，較能讓我對自己的主觀世界負起全責。

什麼是對主觀世界負責呢？就是概括承受所有焦慮，不會宣洩在周圍人身上，然後再思考該怎麼做後，靠自己消除焦慮。然後每天盡可能開心過日子，不倚賴他人來決定自己的快樂。

也許各位會覺得這種事情不值一提，但實際能辦到的人意外地少呢。

主觀世界越小，察覺到負面情緒的速度也越快，所以三兩下就能解決掉，情緒管理也會簡單許多。這個原理就跟整理房間一樣。相反來說，太過寬敞的房間會超出自己的負荷，無法輕鬆維持整潔狀態。

既然這樣，認知到自己能輕鬆應付的世界規模，然後加以維持，是非常正面的行為。

順帶一提，主觀世界的負荷量因人而異，範圍大小沒有優劣之分。只要尋找大小恰到好處，能夠負起全責的主觀世界範圍就好。

如何跟新聞媒體打交道

即使決定好主觀世界（自己能負起全責）的範圍，但疏於管理的話，主觀世界的範圍依然會日益擴大。因為就算不外出跟人打交道，各種資訊也會經由許多管道，而且是以人類史上最快速度源源不絕地湧入。稍有差池就會接觸到陌生的世界，這點是大忌！

所以，為了使主觀世界能夠維持在適合自己的範圍，必須用點小技巧。

據說人類的五感在接收外部訊息上，視覺佔了八十三%，聽覺佔十一%，嗅覺佔三・五%，觸覺佔一・五%，味覺佔一%。換句話說，即使不情願，但映入眼簾的資訊就是會大幅影響我們。

所以當視覺接觸到引發焦慮的資訊，代表八十三%的五感都會處在焦慮中，假如是看電視或是網路影音，也會包含聽覺的十一%，所以總計高達九十四%的知覺會受到影響。

我明白以電視媒體業者和網路業者的邏輯來看，收視率和觀看次數是他們賴以維生的數據。話雖如此，他們卻喜愛以恐嚇的方式替資訊加油添醋，像是「當今世道正在發生兇殘犯罪危機」、「你不買這個商品就落伍了」或是「如果坐視不管的話，日後會有大麻煩」，讓人不小心看到就會備感焦慮。

對於即使這樣還是想看的人來說是無所謂，但對於享受難得清幽窩居生活的我來說，卻是相當嚴重的問題。

事實上，我打從十八歲後就不看電視了。

雖然我不清楚現在的節目內容，但當時很多節目都在強迫觀眾全盤接受製作團隊的安排，彷彿刻意在告訴觀眾「請大家對這個橋段感動」和「我們不接受感動之外的反應」等（當然不是所有節目都是如此）。這個現象使收看節目的我很火大：「這種行徑根本是暴力！我的感想應該是由我決定吧！」所以我就這樣與電視鬧彆扭了將近二十年。

儘管隨波逐流可以活得比較輕鬆。就我的親身經歷來說，在二十年前，完全不看電視的人依然會被當作怪人，一般人都會毫不避諱地流露出驚訝和不解的表情。直到十年前，還是會有人覺得「雖然的確有聽過這種人，但這麼做應該是想要帥吧？」但是到了現在，已經很少人會對此大驚小怪了。

據說，現在的年輕世代會以上網取代電視，但是透過視覺汲取到的資訊量其實差不多。

話題有點扯遠了，但總之，若我們能擺脫視覺的控制，似乎就能避免主觀世界在非預期的情況下逐漸擴大。

至於不看電視後，我的資訊來源是什麼呢？

答案是「收音機」，靠聽的就好了。

收音機播報的資訊，相較於電視和網路平淡許多，不會引起不必要的焦慮。好處是任憑廣播主持人在聲調上極盡誇張之能事，充其量也只佔知覺的十一％而已。

可能也有人想問，難道透過收音機吸收陌生資訊，當真不會擴大主觀世界嗎？

儘管我會接收到陌生資訊，但聽覺終究只佔知覺的十一％，所以不會帶給我「面對面遇見」陌生世界般的衝擊感，頂多只是「擦肩而過」的程度而已。總之，廣播既能讓我大致掌握世間大小事，卻又能維持自己的世界範圍，也就是窩居生活。

移居臺灣的我無法收聽日本的廣播後，取而代之的就是俗稱文明利器的智慧型手機——看到這裡，大家肯定會想吐嘈：「等等，智慧型手機比電視更糟糕吧？」因為有了智慧型手機，隨時隨地都會跟

陌生世界產生關聯。

無可避免的，我現在由於採訪等工作，得用智慧型手機隨時與人保持聯絡，但我的應對之道，就是儘量不去看影音新聞。

手機應用程式「Radio Cloud」是我的唯一資訊來源，像是TBS的《荻上Chiki・Session》和文化放送的《大竹誠Golden Radio》都是我很愛的廣播節目。我只會在家把廣播當背景音樂播放，不會刻意去追蹤訊息，這樣既能大致掌握世間消息，也不會產生不必要的焦慮。

反正新聞根本就追不完，內容也良莠不齊，如果要一一判斷每一則資訊的重要性，很快就會感到精疲力盡。

除了利用廣播讓自己不至於跟社會脫節外，我會主動追蹤調查的新聞，僅限於史料類。發生超過三十年沒被淘汰仍流傳至今，或是依然被傳誦下去的正確新聞，才擁有對人類來說真正重要的資訊。

別活在別人的主觀世界

然而，當自己的主觀世界發展到某種程度後，與周圍的人話不投機的情況也變多了。

只要回老家，父母總會不厭其煩地告訴我：「最近治安不好，你要多小心。」一真的是這樣嗎？我周圍的犯罪率近乎為零，而且走遍世界各地，比起像美國和印度等國家，日本的治安算是壓倒性地良好吧？再說從客觀資料來看，警察廳每年公布的犯罪統計數字顯示，近十五年來日本的犯罪發生率正在逐年下降。

有些讀者可能已經猜到，沒錯，我的父母不但沒什麼朋友，也鮮少跟親戚和鄰居往來（有其父必有其子），因此他們的資訊來源肯定是電視，而且就我所知，他們除非睡覺，無時無刻都開著電視。

小時候的我會覺得，爸媽都這麼說了，代表治安肯定很糟吧？我以前從未懷疑過父母制訂的主觀世界規則，畢竟當時自己年幼無知，但我現在已不再活在父母創造的主觀世界。

根據厚生勞動省發表的調查，可分配所得未滿一二二萬元（約新臺幣二十六萬）算是相對貧困的族群。雖然我會笑稱自己正過著貧窮的窩居生活，但我未曾真心認為自己貧窮。因為我每個月都會賺到必要生活費，能用豐富的心境生活，甚至對此心懷感激，所以不太有貧窮的感受。雖然我的年收入頂多只有一百萬（約新臺幣二十二萬）而已，但不知為何，我並不引以為苦。

再說，國家憑什麼決定人我的貧窮與否呢？

主觀來說，我活得還算快樂。

當初剛來東京、為生活所苦的那段時期，我曾覺得「工作成這樣還沒錢，那就是所謂的貧窮吧？」畢竟當時的我，仍活在日本人打造的主觀世界規則之中。但對於如今的我來說，日本人擅自創造的主觀世界已經用不著了，所以隨你們怎麼說吧。

我不免想，自從窩居後，就連「犯罪」和「貧窮」等現象，彷彿也跟自己毫無關係了，究竟是為什麼呢？

成爲自己世界的主宰者

於是我先做了個奇怪的假設：「主觀世界會受到世界主宰者訂立的規則影響。」

例如我的父母活在「當今世道治安很差」的規則之下，那小孩往往會繼承父母的主觀世界，間接被這條規則影響；如果我們活在日本上流階層所訂立的「年收入一百萬為下層階級」的規則下，全體國民的主觀世界就會受到國家和這條規則影響。

另一方面，獨居的我猶如脫韁野馬般活在自己的小天地中，與他人劃清界線後，頓時就成為了自己主觀世界的最高主宰者，因此我對於快樂的定義，也成為了我主觀世界的快樂。

我不認為與家人同住或是活在日本，就無法創造自己的主觀世界。只要能確立自己的主觀世界，小心避免入侵他人的界線就沒問題了。

可我們畢竟不是別人肚子裡的蛔蟲，也無法控制自己的家人和國家領袖是怎樣的人，所以可以說，小規模又獨立的個人主觀世界比較便於管理。

也有人根本不在意治安和貧窮的定義，與其以自己的感受為優先，不如交給別人決定還比較輕鬆。問題是，如果我們選擇活在別人主觀世界訂立的扭曲規則下，會發生什麼事呢？

假如有人訂立了「擁有財富和權力才會幸福」、「小孩上知名大學才有意義」等規則，那他肯定會利用他人來實現自己的幸福。因為這樣的規則必須利用他人才能完成。

將自己主觀世界的規則交給他人訂立的人，往往最容易被有心人士利用。

完全不去思考是非對錯、想要的生活方式，以及無法獨立自主的人，是超容易被擺佈利用的對象。

我們活著，並不是為了在他人世界中實現自我。

為何我們非得配合他人擅自創造的主觀世界的劇本演出呢？我們應該為自己做的決定負起責任，但遵循他人訂立的主觀世界規則，搞砸只有一次的人生，究竟又是誰該負責呢？

所以我們好歹得自行判斷什麼才是自己真正的幸福，什麼才是真正有意義的事情？雖然我們無法決定客觀世界的規模，但至少能決定自己主觀世界的規模和形式，然後成為自己主觀世界的最高主宰者吧。這樣就能避免自己重要人生的時間、金錢、情緒被有心人士剝奪。

真的能夠做到獨善其身嗎？

仔細想想，我窩居後認識的人們，多半帶著「不管他人和世俗如何，用自己的力量來充實自己主觀世界」氣魄。

即使面臨經濟衰退、大小天災、新冠肺炎等情況，為什麼有人能無視這一切愉快過生活呢？我想應該是他們的內在世界與外在世界徹底劃清界線的緣故。他們早就建構好自己的主觀世界，巧妙地與客觀世界和他人的主觀世界保持距離。

在此有個疑問：自己建構的主觀世界，究竟可以不受社會情勢影響到何種程度呢？

據我猜測，戰爭發生的原因，是否就是太多人把自己想過什麼人生交由他人決定的結果呢？假如真的遇到戰爭，即使自己有多不想活在這套社會規則之下，也免不了會被捲入其中吧。

畢竟我從未經歷過戰爭（最好是永遠都別經歷到）所以無從置喙，但我仍希望能有不受影響的案例。

在此分享一個例子。

法國作家讓．紀沃諾（Jean Giono）的短篇故事《種樹的男人》（*L'homme qui plantait des arbres*），有一位在普羅旺斯廢棄村莊，過著與世隔絕生活的孤獨牧羊人布非耶（Elzéard Bouffier）。故事透過男主角的口白，將牧羊人布非耶在荒蕪土地上日復一日努力種植橡樹的單純生活，描繪得令人神往。

翻開書頁沒多久，我就對於與世隔絕卻又自得其樂的布非耶產生了親切感。布非耶的嗜好是種橡樹，起初種植青剛櫟，也是基於「這座山谷接近地表所以八成有水分，既然如此就來種看看青剛櫟吧」的好奇心。

像我一樣無視世俗，獨自務實且孜孜不倦地追求快樂的大叔，最後究竟會如何呢？突然感到無比在意的我繼續閱讀下去，故事的結局是第一次世界大戰和第二次世界大戰都不曾對他產生影響。

——布非耶真是太強悍了！

過了三十多年，原本住在森林、沼澤和人們紛紛回到荒廢的村莊，被眼前美不勝收的風景所震撼。

看在書中主角的眼裡，覺得布非耶的舉動很高尚，但在我看來，這位大叔這麼做並非是出於崇高的目的，純粹是基於好玩——我莫名有種人生的祕密就藏在這裡的預感。

雖然這是布非耶的人生，而且本故事也純屬虛構，但如果是真的那就太美妙了。

如果大家都不再活在別人主觀世界訂立的規矩下，紛紛建構起自己的世界……搞不好隨之而來的會是出乎意料的祥和新世界呢，非常值得一試。即使將來沒人認同我，我也打算獨自去實踐。

大家不妨加入我的行列吧。

實用篇

如何活出不焦慮的人生

對於焦慮，我始終抱持著一個疑問：「人類為什麼只有陷入焦慮時，才會採取行動呢？」

如果一有焦慮就立刻採取行動，你會發現自己像是在玩一場永無止境地打地鼠遊戲，心情無時無刻都處在緊繃狀態，把自己搞得筋疲力盡。

人生難免會發生無法預料的突發狀況。既然如此，訓練自己看到焦慮冒出頭來，也能泰然處之吧。

之所以會如此勸告大家，**是因為窩居後，我焦慮的次數大幅減少許多**。

窩居前，我明知道自己不擅於跟陌生人打交道，卻進入服務業，也因為生活拮据，常常擔心付不出房租。當時的我，經常被來自四面八方的焦慮搞得緊張兮兮。

窩居後，轉行做居家照護的我，不用和不特定多數人產生關聯；搬到廉價公寓後，也完全不用煩惱房租。

心靈和時間有了餘裕後，內心出現偏差時，便能快速察覺並導正過來。雖然現在的我依然會感到焦慮，但焦慮既不會越演越烈，也不會久久不散。

如今的我，已經能夠分辨焦慮的輕重緩急，就算再次遇到之前難以處理的焦慮類型，也能睜一隻眼、閉一隻眼地面對，隨時保持泰然自若的心態。

焦慮其實跟自己的狀態有很大的關聯，能夠精確地辨別焦慮的輕重緩急，往往代表你的身心狀態良好。所以，**保持良好的身心狀態，至少能減少我們被焦慮左右的幅度**。

眼前出現讓人焦慮的事情後，只要依輕重緩急各自斟酌處理，平時就鍛鍊好健全的身心吧。只要像這樣雙管齊下，就能解決焦慮。

不過呢，對應措施多多益善，才會有備無患。以下將介紹我保持身心健全的小祕訣：

❶ 離開不適合的環境

第一步就是從生活最根本之處重新審視。雖然「磁場不合」是常見詞彙，但字面背後的意思就是形容人無法順利融入環境的情況，在維持健全身心上，是相當致命的問題。人一旦待在不適合的環境，身心就會委靡不振。

假如你在那個城市有過不愉快的經歷，或是當地破敗荒涼、治安差的話還能理解，但例外的情況反而相當棘手。

活在惡劣環境下的每個人，照理來說都活得很辛苦才對。然而在同個環境下，有人活得神采飛揚，也有人活得無精打彩。所以問題不是出在環境，**端看個人跟環境的契合度**。

以下是我對於環境契合度的判斷標準，若是符合下述條件，可以合理懷疑目前待的環境不適合自己。

- 即使身體健康，也有好好吃飯，但每天都覺得很不舒服。
- 無論做什麼都不快樂。
- 活得行屍走肉。
- 看不到光明的未來。
- 內心充滿濃濃的無力感。

其實上述條件，正是我住在老家時的狀態。

我年滿二十歲後，就靠自己賺來的錢離開老家，遠赴國外獨自生活，當時雖然日子過的很平淡，但我充滿活力的模樣與待在老家時完全相反，使我不禁感到不可思議：「過往那種囚禁感到底從何而來？」直到那時，我才體會到充滿活力的狀態是什麼樣子，以及發覺到老家環境不適合自己的事實。

人類不光是只靠食物就能存活，也必須從生存環境的生活氛圍等無形部分，獲得活下去的能量吧。

回想起來，我待在老家時，隱約覺得這裡無形中有跟自己不合的地方，那種感覺就像始終吃不飽，始終沒有好好活著。

換做是搬過家、住過好幾個城市的人，可能老早就能比較出自己喜歡或討厭哪個城市，進而察覺到環境與人之間的契合度。但始終待在同個環境的人比較難以察覺，因為無從比較的關係，終其一生都不會察覺到這一點。

雖然我也有外出旅遊的經驗，但短暫離開老家，還不至於讓我思考到自己跟老家的契合度。由於明白很快就會回家，所以無法把自己抽離開來。然而，儘管我當時雖然想不通是怎麼回事，但莫名感到無精打采卻充分地體現出這一點，人類這方面的直覺是異常準確。

那麼我們又該用什麼方式，判斷自己跟環境的契合度呢？

我認為是「**去其他城市獨自生活**」。這是一帖特效藥。換言之，就是跟自己生活，也就是自己做判斷以及自食其力。

話雖如此，我想有人可能有無法立刻搬家的苦衷。像這種時候，不妨先模擬自己即將搬去其他城市獨自生活，試著上網找房子，然後親自走訪那座城市，這樣做不會花太多錢。重點在於要試著將搬家的念頭化為實際行動。

當你做足了離鄉背井去他處獨自打拚的心理準備，進而產生能夠自在呼吸、腦中充滿期待和美好想像等跡象時，那就代表你目前身處的環境不適合你。

在我待過的地方中，老家是我唯一不喜歡的地方。就算離鄉背井，在其他城市吃足了苦頭也一樣。儘管我對此百思不得其解，但我想原因八成是那裡並非是我自願居住的地方吧。

拿東京來說，起初高昂的生活費使我過得相當辛苦，但我至少會設法去喜歡自己選擇的城市。換作是土生土長的老家，一旦遇到不順心的事，就會覺得：「又不是我愛住這裡，為什麼非得喜歡這裡不可？」

只是出於自己的選擇，居然會產生這麼大的差異。

如果你住在自小長大的故鄉，無病無痛卻每天活得鬱鬱寡歡時，不妨先從「自行選擇居住環境」開始做起吧。

❷ 避開不適合的食物

根據我的經驗，健康飲食的定義，並不侷限於每日攝取多少卡路里，進食後產生的細微變化，同樣會對身心造成確切的影響。由於這種變化很難量化，所以只能仰賴自身的覺察。此外，這種變化是隨著時間漸進產生的，在身心缺乏餘裕的情況下，往往容易被忽略掉。

我在別本著作內詳細介紹過自己的飲食生活*，有興趣的讀者可自行參考，在此只針對身體與飲食的契合度論述。

雖然我不是過敏性體質，但我認為適合每個人的食材、烹調方式跟吃法

---

*《才不是魯蛇：錢少事少、周休五日的快樂人生》（時報出版，二〇一六）。

都各不相同。

飲食為什麼也有分契合度呢？因為攝取特定餐點後，身體反而會囤積壓力和疲勞。我猜年輕讀者可能不明白我在說什麼，但進食其實是種相當耗費體力的行為。

我在東京過起窩居生活後，就開始摸索對於有益身心健康，且符合自己生活方式和經濟狀況的飲食生活。直到自炊清淡的糙米菜飯後，才正式定案。原因在於這樣的食物不會為我帶來疲憊感，對於身體和經濟層面的負擔都很小，整體而言是輕鬆無負擔的飲食。

我的基本菜單是有機發芽糙米，搭配從河邊摘來的野菜烹調而成的味噌湯和自製淺漬蔬菜。接下來就隨心情和季節調配菜色。

吃慣自炊的糙米菜飯後，偶爾吃到速食或是零食時，都會覺得「天啊，味道真是重鹹！」

大部分刺激性強的食物，入口的那一刻美味無比，但無論是外觀、香氣還是味道都很繁複，負責消化食物的五感就會被迫高速運轉，再慢慢恢復原有的狀態。實際入口後，身體又是一陣緊繃……直到用餐完畢前都得周而復始地重複這一過程，讓上了年紀的我大感吃不消。

與其說吃完後很疲憊，不如說會感到心神不寧，所以減輕五感的負擔，才能吃得輕鬆自在，就算只有一餐也好。

現在我偶爾也會煮泡麵來吃，但只會加入半包調味粉。加入整包調味粉，泡麵湯就會變得過鹹，身體又會覺得很有負擔。

其他像是黑咖啡、酒、含糖汽水等刺激性食物、可可亞成分低的巧克力、甜點、含有大量化學調味料和人工添加物的食物、肉類等吃下肚後，也會對身體造成負擔，所以我會減少主動攝取的次數。

順帶一提，用油炸或微波爐加熱食材的烹調方式，吃起來也很有負擔。因為用這種烹調方式處理的食物很燙口，口舌會產生刺痛感。

反過來說，花時間用小火燉煮的料理，或是口味清淡和容易消化的食物，吃起來比較不會有負擔。

此外，狼吞虎嚥也是容易對身體造成負擔的進食方式。狼吞虎嚥只會給腸胃造成負擔及難受感，更糟的是，狼吞虎嚥吃下刺激性強的食物，五感緊繃和放鬆的間隔時間就會縮短，導致五感在進食的過程中，像是雲霄飛車般劇烈起伏，相當耗費體力。

看到這裡，也許各位讀者會覺得，純粹是我身體太虛弱，才會受不了刺激性強的飲食方式吧？

事實上，細嚼慢嚥的進食方式，對身體的負擔的確較小。而維持零負擔的飲食生活後，你會發現身體會以年為單位起變化。

至於我起了什麼變化呢？

首先是焦躁感大幅降低。以前的我遇到只差一點就能趕上捷運、想坐下座位卻被搶走等情況，都會覺得自己吃大虧了，然後感到焦躁難耐。

自從改變飲食生活後，即使座位被搶走我也覺得無所謂。最近我也退出了自強號座位的爭奪戰，選擇搭乘各站停車的區間車。不必為小事焦躁真的超輕鬆。

清淡飲食還有個好處，那就是令人變得清心寡欲。像是食欲、物欲、性欲、金錢欲、占有欲、獨占欲……名利欲望的附屬品也大幅減少，唯獨睡眠欲例外——至今我依然每日花八小時在睡眠及午睡上。

不過，用高刺激性的食物增進欲望也不全然是壞事，我有時也會反過來利用這個特性。我經常會在陷入沮喪和憂鬱或即將接下重責大任之際，用刺激性食物和肉類來振奮心情，為自己加油打氣。

像是日本考生在大考前夕也有「吃豬排飯來討個吉利」的習慣——也許人類老早就自然而然地察覺到飲食與身心之間息息相關吧。

我想難免會有人覺得每個人適合的食材、烹調方式及進食方式各不相同的說法，充其量是我基於個人經驗提出的見解，不見得符合每個人的情況，更何況也沒有數據佐證，所以不可信。現代營養學無法闡明的部分，只能信賴自己的感覺，儘管難以置信，但這點也是飲食耐人尋味的地方。

比方說我的身高一七五公分，體重五十五公斤，用來衡量身體肥胖程度的ＢＭＩ指數只有十八，也就是說，我屬於「體重過輕」和「有健康隱憂」的範圍。但我打從成年後身高跟體重都沒變，每天睡得好也排便順暢，身輕如燕也無病無痛。

而股神巴菲特年輕時每天吃麥當勞跟櫻桃可樂，直到九十歲還是活蹦亂跳！他的飲食方式站在現代營養學的角度來看，相當極端。

——假如數據代表一切，那我們當下感受到的健康又算什麼呢？

所以無法靠數據和文獻顯示的部分，就用自己實際的感受來彌補。遵循自己感受來調整飲食，觀察身心有起什麼變化，像是腸胃、皮膚狀況、心理狀態、是否睡得好等，別假借數據和他人之手，靠自己仔細確認，試著找出不會為自己帶來焦慮及負擔的飲食之道吧。

❸ 少穿不適合的衣服

我們挑衣服時，往往會以價格、品質和品牌當作選擇考量，但是鮮少人會以「穿起來輕鬆無壓力」的標準來挑選衣服。

也許有人會納悶衣服與壓力有什麼關係？人整天都得穿衣服，除非是裸體主義者。如果挑衣服也能減輕壓力，那何樂而不為呢？

衣服與壓力的關聯性，是我在年過三十的某天，於屋內穿上汗衫衣褲的時候才留意到。當時的我覺得渾身刺痛難耐，結果一看標籤，發現上面寫著六十九％聚酯纖維。

——難道皮膚與材質之間也存在契合度嗎？

此後，我開始在意起衣服的材質，然後翻出所有的日常家居服逐一檢查。純白色T恤的成分是棉六十六％和聚酯纖維三十四％。短褲則是百分之百純棉。法蘭絨長袖格子襯衫則是百分之百純棉。連帽T恤本體是百分之百純棉（帽子和袖口使用少許聚酯纖維）。黑褲則是九十四％棉和六％的聚氨酯纖維。

我得出的結論是：天然纖維（像棉花）的衣服穿起來輕鬆無負擔，但化學纖維（尼龍、聚酯纖維、壓克力材質等）的衣服，只要流汗就會帶給肌膚刺痛感，而且也容易產生靜電。我認為穿上後會渾身不舒服的衣服自然是越少越好，從此以後，我都會儘量挑選天然纖維的衣物。

再說，肌膚產生刺痛感或衣物摩擦產生靜電，對身體來說都很不舒服。近年據說有研究指出，化學纖維會誘發過敏性皮膚炎，靜電也會引發肩膀及腰部酸痛，間接證明了我的實際感受沒有錯。

所以大家不妨把「既然橫豎得穿衣服，穿起來越舒服越好」的想法納入挑選衣物的考量之中吧。

實用篇

別成為助長社會焦慮的幫兇

值得慶幸的是，我學會了控制焦慮的技術，但光獨善其身還是不夠。因為即使我獨居，但也不是生活在無人島上。儘管我的內心很平靜，但也難免會被來自社會的焦慮所波及。所以希望讀到這裡的讀者們，別顧著減輕自身的焦慮，最好也試著別加深社會上的焦慮。

我執筆本書時，適逢二〇二〇年十二月，正值新冠肺炎肆虐全球之際，全球社會機能癱瘓，全人類面臨著前所未有的緊急事態。

由於我在新冠肺炎前就過起窩居生活，老早就練就不過度仰賴社會機能就能愉快過生活的本領，相較於一般人，沒有特別感到不便。

當然我不覺得這全是自己的功勞，更何況也不是憑一己之力才辦得到。

既然我現在過著逍遙快樂的日子，站在人情義理上，難免也會想要回饋社會、貢獻一份心力。

話雖如此，我該怎麼做才好呢？

畢竟我的經濟實力不像日本億萬富豪前澤友作，有大把的鈔票可以捐。但我從幾年前會定期向兒童食堂小額捐款，這是我自認能辦到的事。

然而，若是手頭並沒有寬裕到能夠捐錢的人，又該怎麼回饋社會呢？無法捐錢不代表無法有所貢獻，其實每個人天生具備某項能力，那就是「想像力」。

各位先別急著白眼我，且聽我娓娓道來。

想像力的用處，在於創造出不存在的事物。像是汽車、飛機、電視、近年出現的智慧型手機及電腦等現代生活中的便利好物，都是基於人類在腦內編織著「真希望有這種東西」的想像後，才會發明問世。

至於想像力的另一個好處，就是讓我們能換位思考後，再採取行動。就算沒有親身經歷過，憑藉著想像就能產生共鳴感和連帶感，從中學習及獲得成長。

但也不是全部的發明都對人類都有益，有時也會釀成悲劇。所以想像力並無好壞之分，它會拯救或是傷害人類，端看個人的使用方式。

想像力是人類與動物和人工智慧的決定性差異，也是人類專屬的能力。悲哀的是，想像力在現今社會正瀕臨滅絕的危機。因為發揮想像力的先決條件，就是要花費大量的時間醞釀。

假如日本政府發布緊急事態宣言要求全國自肅，但不惜無視政策也要照常營業的店鋪，背後究竟有什麼原因呢？試著發揮想像力，挖掘無法從表象去做判斷的事吧。

一般來說，無論是多麼讓人難以置信的事，只要考量到可能另有緣由和內情，就不太會說出批判性的話語。一旦缺乏想像力，就會把這些拋在腦後，總是動不動批判他人。但話雖如此，也不該單方面責備那些缺乏想像力的人。

既然在探討想像力，各位不妨想像那些「失去想像力的人們」，還有「失去想像力的自己」在失去想像力前，究竟經歷了什麼吧。

因為每個人的體驗千差萬別，深入探討很可能會沒完沒了，為方便大家理解，就從大家或多或少都有的經驗來討論吧。

每個生活在現存社會中的人，都會有這樣的體驗吧。經濟至上主義的世界極力推崇「效率」和「性價比」，並將之列為第一考量。如何用極短時間做出碩大成果成為了時代的課題。不只如此，在新自由主義盛行下，每個人都被捲入經濟層面的競爭中，是由勝者佔據九成的財富、弱肉強食的環境。

在這樣的社會中，站在他人立場上替別人著想的餘地，早已不復存在了。如果每件事都要發揮想像力，轉眼間就會被人遠遠甩在身後。想像力相當傷神費時，越是緊急的事態，只能先依靠簡單的資訊下判斷，然後馬上做出決定。

人放棄使用想像力的原因，是因為不用靠想像力也能存活。由於這個社會不重視想像力，人類才會逐漸失去這個天賦吧。新冠疫情則更突顯了這個問題。

缺乏想像力的下場就是對他人漠不關心。一旦對他人漠不關心，就會放任不當行為、暴力和社會分裂恣意滋生。

如果不想活在這樣的社會，我們該做什麼呢？

就算自己缺乏經濟實力、力氣和權力，但至少能貢獻自己的想像力。我們得先避免去做讓人陷入焦慮的事，才能控制自己的焦慮，也就是發揮想像力做換位思考。

請想像內心毫無餘裕、焦慮到無法自拔的人，會希望被怎麼對待呢？

換作是我，會希望大家別因為缺乏想像力對自己漠不關心，**出於信賴尊重自己，而非出於擔心干涉自己**。只要用相同方式對待他人就好，生活周遭很多事物都值得我們去深思。

試想平常吃的食物和穿的衣服，是什麼人用什麼方式製作的呢？工廠的作業環境和賣場的工作環境又是如何？是否有童工或是黑工等問題？是否遵守永續環保的概念來製作呢？

農作物的耕種方式是否會造成環境污染呢？

我在東京過窩居生活時，就決定盡量跟產地直接購買，採用有機栽種方式，對人類和土壤均無負擔的糙米。順帶一提，我最近常穿的白色T恤是無印良品加工製作的有機棉產品。有機棉指的是用超過三年以上無添加農藥、化學肥料和落葉劑的土壤栽種的棉花，當時買的價錢是兩件組九九〇元（約新臺幣二二〇元）。

這些都不過是枝微末節，雖然生活很難做到面面俱到，但只要有心，肯定能漸漸摸索出避免助長他人和社會焦慮的方法。

當社會充滿焦慮、牢騷及不滿時，先試著盡一己之能，採取能改善現況的行動吧。若是希望自己能順利地活出自我，那我們就不能妨礙別人活出自己的人生。

現在就全力發揮想像力，一步一腳印地持續耕耘社會的土壤吧。我相信用想像力耕耘過的土壤，就能打造出懂得將心比心的美好世界。

臺灣窩居生活

住

我租的公寓坐落在比鄰臺北市的新北市內，是間位於學區的廉價套房。雖然必須共用玄關、走廊和洗衣機，卻擁有獨立廁所和淋浴間。沒有廚房但附設家具，房租也內含吃到飽的Wi-Fi，遠超過我需要的生活條件。

雖然離車站較遠，通風性不良且採光差，但還在容許範圍。房間的做工粗糙，天花板僅用薄薄的輕鋼架拼接而成，每每要對於夜晚老鼠的腳步聲睜一隻眼閉一隻眼。

真正讓人困擾的是這裡經常停水，電力系統也不時會故障。每年肯定會發生數次停水斷電的情況，小至自家跳電，大至整條街規模的停電都有。特別是在盛夏高溫的時候，不但冰箱內的食物會壞掉，晚上也熱到睡不著覺，有輕微的生命危險……我在東京住了六年的那間公寓，因地震斷電的次數屈指可數，更不曾遇過停水，使我重新感受到日本的基礎建設意外地維持得很好，也對此心懷感激。

話雖如此，但臺灣的公寓真的超級便宜！月租只要新臺幣四千五，住滿一年想搬家時，房東還說「續租會算你便宜點」，幫我降租到四千三。不過這只限於新北，臺北的房租通常會更貴。我詢問當地人在臺北市租一間相同條件的屋子要花多少錢呢？他們異口同聲的回答：「絕對超過你現在房租的兩倍。」

在臺灣，雖然房東的權力遠大於房客，但我的房東人很好，無論遇到什麼問題，就算一時半刻修不好，也會很親切地替我處理，所以我今後也想繼續住下去。比起完美的房間，我更想住在有好房東的公寓。

CHAPTER 5

焦慮究竟是什麼？

重新審視焦慮的本質

飽經世故的我終於邁入中年，儘管成熟了，卻依然做著最低限度的勞動，也因此被世間嫌棄，而且依然難以融入社會，過著年收入低於平均值的人生。

誠如各位所見，童年時期的焦慮已全數成真。儘管如此，我每天依然過得很快樂。

我童年時期的焦慮究竟有哪些呢？

本章我會歸納現在的我對於焦慮的看法。

焦慮的共通點

首先讓長大後的我們重新回顧一下，前述提過在童年時期的三大焦慮吧。

- 以自己的快樂為優先，通常會遭到父母和師長訓斥。
- 如果自己表現得與眾不同，會被班級和社會排擠。
- 擔心自己能力不如他人，怕自己賺不到錢，無法在社會上生存。

仔細觀察後，就會發覺童年的三大焦慮在當時尚未成為既定事實，儘管如此，我依然會忍不住胡思亂想，擅自把事情往最壞的方向想。我明明能趁擔憂尚未成真的時候往好處去想，卻傻到沒有這樣做。

但我在學齡前，根本沒有將事情往壞處想的習慣。成長到了與外界接觸的歲數後，在人際往來過程中所產生的種種不愉快經驗，會影響想像的方向。像是只顧玩樂會被父母和老師責罵、不合群會被全班排擠，還有第一次打工就搞砸了。

仔細想想，也不是每一次都會得到相同的結果。玩樂不見得都會挨罵（沒挨罵的時間還比較多），不合群也不見得會被排擠（被接受也是佔多數）；經歷多份打工後，雖然無法說勝任愉快的職場很多，但我確實也遇過在各方面都沒問題的職場。

只不過，不好的結果一再發生，帶來的厭惡感實在太過強烈，所以就把這類的經驗歸納成失敗模式，深植於記憶之中。

相反來說，各位不太會對已有結果的過往感到焦慮吧？因為有結果的往事，已經完全沒有想像的空間。

看來焦慮始終都是被尚未發生的未來所觸發的呢。

焦慮是生存的必要條件

那為什麼人會對尚未發生的未來感到焦慮呢？

我認為原因是「未來的未知性」。人類天生會對於未知事物感到焦慮，實際經歷時甚至會心生恐懼，像蔓延的神祕病毒、正在上演的殘暴犯罪等。我們往往會害怕自己不了解和無法解釋的事物。

但大家是否發現，陷入焦慮時我們始終不停朝最壞的方面想，最終都會得到相同的結論。拿前述三個例子來說吧。

- 以自己的快樂為優先，通常會遭到父母和師長訓斥

↓父母跟老師會討厭自己

↓自己會被拋棄

↓我還只是個小孩，無法存活下去

- 如果自己表現得與眾不同，會被班級和社會排擠

↓被排擠會上不了學

↓無法完成學業的話，就找不到能餬口的工作

↓找不到工作的話，就無法賺錢

↓無法在社會上存活

• 擔心自己能力不如他人

↓所得薪資低於平均值或賺不到錢

↓無法在社會上存活

三個例子都在最後說出了答案，我想應該很好理解。

追根究柢，焦慮最終都會導向活不下去，也就是「死亡」的結局。所以我們只是早先一步察覺到生存危機，才會開始絞盡腦汁避免惡夢成真吧。

試著像這樣寫出來後，頓時有種揭開謎底後恍然大悟的感覺。

因此，若把焦慮視為一種生存本能，那我多少能明白，人為什麼會杞人憂天了。

雖然有些焦慮乍看與生死議題無關，但潛意識的動機卻是出於為了活下去，必須做點什麼的安心感吧？但焦慮終究只是種對於死亡的憂患意識，所以建議大家最好先試著確認自己是否陷入了「為焦慮而焦慮」的局面。「反正無論結果如何，人就是會焦慮！」只要這樣想，就不會杞人憂天了。

因此焦慮說到底，就是人類為了生存而與生俱來的天性，而且八九不離十的是，生存本能被激發後產生焦慮，才會讓我們開始思考延長壽命的方法。

如果焦慮會成為人類生存的動機，也不盡然是壞事吧。

如何處理焦慮

儘管光是明白焦慮是人之常情，也不會產生任何實際幫助。我們必須採取具體行動來消除焦慮。然而當我陷入焦慮時，雖然採取了行動，卻不知為何，焦慮始終沒有消失。所以我想在本篇回顧自己陷入焦慮時，都做了些什麼。

- 做著自己開心和喜歡的事時，內心不自覺會湧現罪惡感，於是勉強自己去做不想做的事。
- 壓抑自己的想法和情緒去迎合他人。

我當時確實這樣做了，但上述行動都只是權宜之計。這種做法雖然瞬間會給自己蒙混過關的感覺，但久了以後，同樣的焦慮又會捲土重來，或是儘管解決了燃眉之急，卻過不了內心那一關。不必壓抑自己的想法或情緒，既不會有罪惡感，也不會心存質疑，才是我真正想解決的部分。

為了方便大家理解，在此舉除草為例吧。

所謂「斬草不除根，春風吹又生」，光是割掉地面上的雜草（心頭的焦慮），它一定還會長回來。即使將草連根拔起，但過沒多久，雜草又會再次茂密起來，光用想的都覺得好煩。

除草套用醫學用語就是對症療法，雖然立竿見影，卻無法解決根本問題。

雖然立即採取行動就好，卻在不確定是否有解決根本問題的情況下，採取「頭痛醫頭、腳痛醫腳」的做法，會把自己弄得筋疲力盡，我想這是現代社會的通病吧。而人在筋疲力盡的狀態下，想做出正常的判斷更是難上加難。

身心健康勝過一切

我在第二章介紹過「如何暫時遠離焦慮的環境」，這個方法相當有效。

我在東京經濟陷入困境時，就算省下餐費和增加打工時數，依然是杯水車薪。當我厭倦這一切，從首都圈逃往近郊時，雖然壓根不是為了讓身心恢復健康，但這個始料未及的決定，卻成為了復原身心，使我調整心態重新面對人生的契機。

如果再舉除草為例，那就是替土壤重新施肥，調整成生了點雜草也無關痛癢的狀態。與其一心只想著除草，不如先改善土壤吧。人處在身心俱疲狀態下，完全得不到這種前所未有的醒悟。

雖然我能理解大家會想立刻採取行動讓自己安心，但若是重複治標不治本的應急措施，把自己搞得身心俱疲的話，倒不如緊事緩辦，率先離開為自己帶來焦慮的環境或是生活方式，慢慢休養生息就好。動不動就焦慮的疲憊身心恢復活力後，有時反而會柳暗花明又一村。

光是絞盡腦汁思考，是不可能克服焦慮的。等身心狀態恢復正常後，再挺身面對焦慮也不遲。

別捲入與自己無關的焦慮

我遠離焦慮的世界，身心及生活都穩定下來後，總算有了客觀看待焦慮的餘裕，也終於領悟到自己經歷的焦慮來源分成兩種：

① 來自自己的焦慮

② 來自他人和社會的焦慮

將這兩種焦慮分開來思考後，便能輕易明白自己該做以及不該做的事情。

先來探討源於自己的焦慮吧。如前所述，與生俱來的生存本能正是焦慮的雛形。地球上所有生物最原始的焦慮，應該就是「生存」吧。想要活下去就需要食物，想要食物就需要錢，為了賺錢就得工作。至於謀生手段也是因人而異，有人選擇務實的工作，也有人選擇高報酬也高風險的工作。

還有對人類來說，最切身以及能套用在所有人身上的生存本能，大概是對於天災的強烈焦慮吧，例如住在日本的人肯定都經歷過地震。

因此，人經常預想著最糟糕的情況，然後陷入焦慮。為了消除焦慮，有人選擇積極儲蓄，有人搬到地基堅固的地方、加強住宅的抗震能力，或許也有人選擇什麼都不想做，只是求神保佑自己平安吧。

上述選擇沒有什麼對錯或好壞，每個都算是正確答案。採取各種防範措施，就能提升存活率。所以硬要說的話，大家事先做出各種防範措施，才是正確答案。

反過來說，住在日本卻對天災毫無憂患意識，也不採取任何措施的人，八成早就死了。

總之自身的焦慮，是來自生存的憂患意識，理所當然會存在。說起來，焦慮的起源就是如此簡單。

但焦慮過度有時會摧毀身心，非但幫助不到自己，還會扼殺自我。這種情況又該如何解決呢？

我認為他人和社會在無形間和後天灌輸給我們的焦慮，也會激發這種生存憂患意識，成為扼殺自我的原因。

這也是前面提過的「來自他人和社會的焦慮」。

先來回顧我在前述章節中，提到自己在童年感到焦慮時會採取的行動吧。

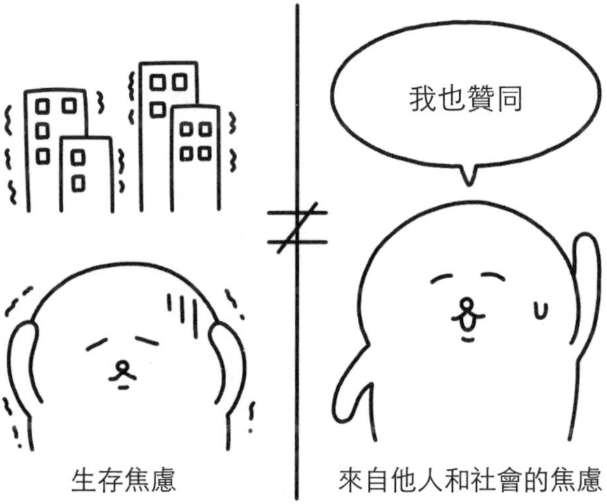

- 做著自己開心和喜歡的事時，內心不自覺會湧現罪惡感，於是勉強自己去做不想做的事。
- 壓抑自己的想法和情緒去迎合他人。

長大成人後，我才發現一個衝擊性的事實，當我無視焦慮，試著採取行動，才發現事情的發展跟自己想得完全不一樣。即使我不強迫自己做不喜歡的事，不壓抑真實想法去迎合周遭人，我依然能活得好好的，而且還減輕了不少壓力。所以我的焦慮對我的生存完全沒有幫助。

那麼，焦慮又是對誰的生存有幫助呢？

雖然以下純屬個人猜測，但前面提過的焦慮，很可能是出於我周遭的某人，而非我本人吧？

人類的神經細胞中，有種叫做鏡像神經元（Mirror Neuron）的「共感細胞」，使人看到他人的思考和行動時，就像是在照鏡子般，會無意識地投射在自己身上。就算事情不是自己親身經歷，但是在看電影或是聽到他人的經驗談時，我們會跟著哭和笑，都是鏡像神經元引發的反應。

這種模仿作用的效果很強。也有一說認為，它甚至會影響個人喜好，例如全班公認的校花或校草等。若是連同儕都會影響個人觀感，更不用說與我們朝夕相處的家人了。如果你身邊有很焦慮的人，那你很有可能也會被捲入焦慮的風暴之中。

接下來，我試著將這個理論套用在我的焦慮上。

父母告誡我不能光顧著做自己快樂和喜歡的事情；同班同學給我的教訓是與眾不同、太過招搖，就會成為被霸凌的目標。雖然大家都沒有明講，但他們很可能藉由無意識的言行舉止，把自身焦慮灌輸在我身上。

但問題不是出在我身上，應該是由那位焦慮的人自己想辦法解決才對。

於是我大膽推測，可能是他人應該設法解決的焦慮連帶影響到我，導致我承受壓力，間接殘害到自己的身心吧。

那我們該如何分辨焦慮的來源是自己還是他人呢？

分辨的重點在於**那份焦慮是否能幫助到生存**。

你現在懷抱的焦慮，能夠加以善用嗎？亦或是它只會帶給自己痛苦呢？經過冷靜地分辨後，接受「能讓自己變得更好的焦慮」就好。

我不認為這是種獨善其身的狹隘想法。如果每個人都能靠自己消除焦慮，就能打破鏡像神經元的法則，避免自己將焦慮轉嫁到他人身上，引發負面情緒的連鎖反應。

停止從父母、他人及社會那裡接過焦慮接力棒，再轉交到其他人手中。這樣做不光是為了自己，也是為了別人好。為此，我們得先處理好自己的情緒。儘管很微不足道，但也可以說，這是任何人都可以對社會有所貢獻的方法。

別逼自己提高自我認同感

如前所述，想跟焦慮和平共處，我們必須做到兩件事：「維持身心健康」和「別捲入他人和社會的焦慮之中」。若是你全都辦到了，請繼續做下一步。不，應該說但願大家能這樣做。

常有人說「提升自我認同感」。老實說，我很不喜歡這句話。因為「提升自我認同感」算是啟發式正向語言，光用看得就讓人心生疲憊。再說，若每個人都乖乖接受並付諸實行，那就什麼困擾都沒有了，不是嗎？

然而，即使我對於冠冕堂皇的說辭心生排斥，但我也不想過痛苦的人生！於是我玩了一下「換句話說」的文字遊戲，好激勵裹足不前的自己。

改成「降低自我否定感」，看起來怎麼樣呢？

把「否定」、「降低」等看似負面的詞彙搭配起來，字裡行間就會沾染上消極感吧？不必打起精神勉強自己去做後，排斥感也就沒這麼強烈了。

執行方式也很簡單。只要多加留意，去仔細辨別自己的言行舉止中，是否有被自我否定感驅使。一旦發現自我否定感，請先放任不管，以免它轉移到言行上，最後確認無視這份自我否定感，也不會攸關生存就好。

請各位不厭其煩地重複上述步驟。

在此引用我童年感受到的第三個焦慮為例。

- 擔心自己能力不如他人，怕自己賺不到錢，無法在社會上生存。

我的第一份打工，因為派不上用場每天被罵，所以在內心留下陰影。但後來經歷多份工作後，我就深知這個焦慮是錯的。

畢竟每個人都有適合自己的職業，雖然領不到平均薪資這點成真了，但這點也無法決定我的幸福，因為如今我不但活得好好的，還過著快樂的每一天。

由於我只會依據年少時期的貧乏經驗來判斷事物，才會造成荒謬的結果，所以與其憑空想像，不如先正視現況。

神奇的是，有人即使面臨了重大打擊，完全不會陷入負面思考的迴圈，甚至還認為：「算了，總會有辦法的。」這種人的心智堅韌程度實在太強大了。我想他們擁有極高的自我認同感吧，像我就辦不到。

無論如何，我都會基於失

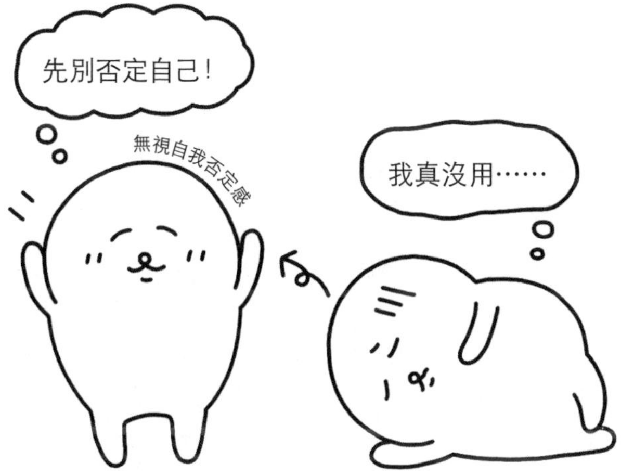

敗經驗，思考負面的踩下自動緊急煞車。「提高自我認同感就會迎刃而解」的說法，在我眼中形同紙上談兵。因此，我會把「自我認同感」擺在一旁，做到「無視自我否定感」就好。

高中打工遭遇挫折時，我應該告訴自己：「能力的優劣，至少得在經歷十份不同的工作後才能下定論。」別因為一兩次的挫折，就做出「自己很沒用」的結論，而且也該試著去確認是否真的做不來那份打工，自己就活不下去。換句話說，我應該做的是辭去工作，去別的地方上班看看。

我真想嚴厲地告訴當時的自己，不願意採取行動，直接選擇自我否定，在某種意義上是因循苟且的做法。

請大家能偶爾鼓起勇氣，無視自我否定感！

放心吧，這樣做非但不會怎樣，還能一點一滴地舒緩內心的焦慮。

重新審視焦慮

所以焦慮究竟是什麼呢？

在此稍微歸納先前章節的重點：

- 人類會對還沒發生的事情感到焦慮
- 因為我們不曉得未來會發生什麼事
- 未知的事物會誘發內心的焦慮
- 抽絲剝繭後，發現一切焦慮源於對於死亡的恐懼
- 所以焦慮是生存本能，是人類與生俱來的機能
- 即使焦慮成真，也意外的可以好好活著

至於我們該如何挺身對抗焦慮呢？

- 維持身心健康
- 別把他人和社會的焦慮當成自己的焦慮
- 降低自我否定感

受焦慮擺佈、感覺一切都完蛋的時候，先別急著設法做些什麼，而是冷靜的回顧整件事情。可以的話，**試著去做些自己似乎能辦到的事，阻止焦慮掌控自己的心舵**。

人生就像天氣，晴時多雲偶陣雨，沒有誰的人生是一帆風順。我從過往經驗中領悟到，所謂的焦慮狀態大多是人生風雲變色，導致人對於現況的認知能力失常。等天氣放晴後，認知能力就會逐漸恢復正常。事後回顧往往會覺得：「咦？其實也沒什麼大不了的，若當時沒有在焦慮的驅使下，坐立難安就好了……」

由於我們對焦慮習以為常，雖然會把每次焦慮都視為攸關性命的危機，但可悲的是，事過境遷後就會忘得一乾二淨。

雖然今後的日子難免還是會感到焦慮，但只要身陷在焦慮的漩渦時，能拉自己一把，就能避免被焦慮掌控自己的人生。想要好好生活下去時，再好好過日子。

人生還很長，照自己的步調慢慢來吧。

後記

我試著思考「焦慮」這個模糊的議題，然後把自己的心得寫成本書，最終變成教導大家如何和焦慮相處融洽，但我並沒有指明該採取什麼後續措施。原因在於這點雖然相當重要，**但人生在世，並非是為了消除焦慮**。

我認為真正的重點，在於當焦慮不再成為人生的絆腳石時，自己想過什麼樣的生活。遺憾的是，人生的課題並非像學校考試，只有一個標準答案，只能透過自己尋找，才能獲得專屬自己的正確答案。

但這個答案其實有跡可尋。

被問到想怎麼活下去的大哉問，也許有些人一時之間意會不過來，但「不知道自己想要什麼」不能算是一種答案。因為人在面臨選擇時，除非是受到焦慮的驅使莫名其妙地踩煞車，不然往往會在無意間，做出自己喜歡或是擅長的選擇。

愛做菜的小孩，肯定對於父母下廚的情景感到興致勃勃；愛運動的小孩，肯定會固定收看電視轉播的體育節目，無師自通地了解很多規則。除了做菜和運動之外，世界上類似的事情不勝枚舉。

儘管理智上不見得能洞悉到諸如此類的**自我暗示**，但打從童年時期，我們的身心早就知悉了這點。

- 你在童年時期做什麼事會很快樂呢？
- 即使被父母警告、遭受他人和社會否定也從未放棄的事情是什麼？

倘若所有人都能在尚未知曉世界的焦慮前，秉持著成年人的知識、經驗和判斷力，隨心所欲地打造自己的世界就好了，若是那樣，這世界八成會變得比現在有趣得多。

別試圖模仿他人，也不要對別人的事情指指點點，用自己所有的能量活出自我，相信在這樣的周而復始下，社會大眾也會紛紛加入「守護他人活出自我」的行列。

我很喜歡的聖雄甘地（Mahatma Gandhi）曾說過一句名言：「想改變世界，你要先改變自己。」（You must be the change you want to see in the world.）

假如想打造每個人都能活得隨心所欲又朝氣蓬勃，而非礙於焦慮、放棄活出自我的社會，還是必須先由自己帶頭做起，而不是去干涉他人之事。

自己的生活過得快樂，也會間接把快樂帶給社會大眾。我想這是最高效率、簡單又和平的做法。

所以與焦慮和平共處、活出自我不光是為了自己，對於他人和現存社會來說，也是極具價值的事吧。指教別人之前，不如先從自己做起。

雖然身處艱辛的時代，但我也打算盡可能快樂、充實度過每一天。

如果讀了本書，會促使你願意踏出第一步，我會感到無比的開心。

HEART
心|視野　心視野系列 114

在都市窩居 10 年，我過得還不錯

只是維持最低限度的工作量和人際關係，九成的焦慮也遠離了

作者	大原扁理
插圖	Funakawa
譯者	姜柏如
封面設計	鄭婷之
版型設計	顏麟驊
內文排版	許貴華
責任編輯	洪尚鈴
行銷企劃	蔡雨庭、黃安汝
出版一部總編輯	紀欣怡

出版者	采實文化事業股份有限公司
業務發行	張世明・林踏欣・林坤蓉・王貞玉
國際版權	鄒欣穎・施維真・王盈潔
印務採購	曾玉霞
會計行政	李韶婉・許俽瑀・張婕莛
法律顧問	第一國際法律事務所　余淑杏律師
電子信箱	acme@acmebook.com.tw
采實官網	www.acmebook.com.tw
采實臉書	www.facebook.com/acmebook01

ISBN	978-626-349-137-3
定價	330元
初版一刷	2023年2月
劃撥帳號	50148859
劃撥戶名	采實文化事業股份有限公司
	104臺北市中山區南京東路二段95號9樓
	電話：(02)2511-9798　傳真：(02)2571-3298

國家圖書館出版品預行編目資料

在都市窩居 10 年，我過得還不錯：只是維持最低限度的工作量和人際關係，九成的焦慮也遠離了 / 大原扁理著；姜柏如譯 . -- 初版 . -- 臺北市：采實文化事業股份有限公司，2023.02

面；　公分 . --（心視野系列；114）

ISBN 978-626-349-137-3（平裝）

1.CST: 簡化生活 2.CST: 生活指導 3.CST: 焦慮

192.5　　111020554

HEART
心|視野

HEART
心｜視野